Karl F. Neu

Aus der Kraft des Universums

W0072948

Karl F. Neu

Aus der Kraft des
Universums

Liebe als Quelle
deines schöpferischen Potenzials

IIIIIIIIIIIIIII SILBERSCHNUR IIIIIIIIIIIIIII

© Copyright der deutschen Ausgabe: Verlag »Die Silberschnur« GmbH

ISBN: 978-3-89845-282-3

1. Auflage 2009

Gestaltung & Satz: XPresentation, Boppard
Druck: Finidr s.r.o. Cesky Tesin

Verlag »Die Silberschnur« GmbH · Steinstr. 1 · 56593 D-Güllesheim
www.silberschnur.de · E-Mail: info@silberschnur.de

Liebe und Licht:
Licht ist das Medium der Wahrheit,
Wahrheit ist das Medium der Liebe,
Liebe ist die Vorstellung von Schönheit,
Schönheit ist die Natur des Lebendigen,
Leben ist aus dem Wollen Gottes.

Karl F. Neu

[Inhaltsverzeichnis]

▲

1

[Prolog]

Liebe aus der Kraft des Universums ist ... Liebe fließen lassen, teilhaben an der Macht des universalen Überbewussten, an der Urkraft des Universums, an der schöpferischen Kraft Gottes, die alles ins Leben, ins irdische Dasein bringt. Die Quelle dieser Kraft steht dem Menschen als sein ureigenes schöpferisches Potenzial zur Verfügung. Sie ist über die Wege der Abstimmung, der Kontemplation und der Meditation erreichbar. Wer diese Ebenen betritt, erkennt, welche Macht, welche Strukturen diese Welt lenken und leiten.

Die Liebeskraft ist am Ende eines jeden Kapitels in eine Affirmation kondensiert, mit der der Leser fundamentale Veränderungen an sich, in seinem Leben, in seiner Partnerschaft und in seinem Umfeld bewirken kann. Wer die Magie dieser erprobten Wege anwendet, wird Wunder erleben und seine Lebensziele deutlich leichter erreichen. Es ist die Kraft und die Macht des Überbewussten, die dies bewirkt.

Auf der anderen Seite des Bewusstseins, im Überbewussten, findet sich eine Welt voller Faszination und komplexer geistiger Strukturen: Macht- und Lichtzentren, die diese irdische Welt lenken und aus denen die Kraft der Liebe fließt. Es ist eine komplexe geistige Welt mit Formen und Wesenheiten aus anderen Ebenen des Seins. Hier sind Erfahrungen mit dem größeren Licht möglich, und man bewegt sich in den Dimensionen hinter dem grenzenlosen Licht, dem Numinosen.

Bei diesen Kontakten, bei Reisen in andere Bewusstseinsbereiche sowie bei Begegnungen mit hohen geistigen Wesenheiten, die mich bei meiner Fusion mit dem Licht begleiteten, habe ich eine Fülle von Botschaften erhalten.[*]

Die Pfade auf die andere Seite des Seins und in andere Welten öffneten sich mir im Laufe meines langen Studiums östlicher und westlicher Metaphysik und Mystik. Es waren vor allem die Wege der Kontemplation und der Meditation, die mich über das Erreichen der Stille

---

[*] Vgl. K. F. Neu: »Samadhi – Begegnungen mit dem Göttlichen«, August-von-Goethe-Verlag.

hinaus in geistige Dimensionen führten. Manches habe ich bei den Schamanen Brasiliens gelernt, einiges in östlichen Systemen, sehr viel auf den Pfaden der Alchemie der westlichen Metaphysik sowie aus den Traditionen deutscher okkulter Orden.

Was ich empfing, spiegelt die zeitlosen Weisheiten universaler Metaphysik und Mystik, wie sie auch aus der christlichen Tradition überliefert sind, z. B. bei Meister Eckehart. Manches sind auch eigene Reflexionen aus der Anbindung an diese geistigen Welten. Wesentlich aber war mir die Erfahrung der universalen und allumfassenden Liebe – in der Dualität des Seins sowie in ihrer vollen Tiefe und Bedeutung. Sie brachte meine Liebe in der Begegnung mit geliebten Menschen zum Fließen – und indem ich mein Herz öffnete.

Aus alldem hat sich ein »Weg des Herzens« geformt, ein Weg, der vor langer Zeit schon von einem der großen dieser Welt vorgezeichnet wurde: Jesus, dem Christus. Seine Liebe ist die Kraft des alleinen Schöpfers. Aus ihr und durch sie sind wir Menschen in diese Welt gekommen.

Diesen Weg zu erkennen, ihn zu erspüren, dazu möchte ich auf den folgenden Seiten Impulse geben. Dies ist daher eine Lektüre zur Spiegelung des eigenen Seins, die immer wieder einmal aufgeschlagen werden möchte, um damit erneut Anreize zu geben, sich auf den Weg nach innen, in die Fülle des Herzens, in den eigenen Wesenskern zu begeben. Das ist der Sinn dieser 22 magischen Wege zu Liebe und innerem Frieden ...

▲

2

[Stille]

Stille erfahren heißt, unserem innersten Sein Raum zu geben, damit es spürbar und erfahrbar wird. Stille entsteht aus dem Zurücklassen des Persönlichen, aus dem Loslassen der Gedankenströme und Gefühlswellen. Es ist das Abschalten der äußeren Sinne und des Egos sowie das Loslassen aller verstandesmäßigen Kreisbewegungen, um jenes Sein zu erfahren, das sich in der Stille manifestiert: unser wahres Leben, unser unsterbliches Höchstes Selbst.

Der unablässig kreisende Verstand, das Ego, mit dem sich die Person identifiziert, bleibt zurück. Ein anderer Teil des Bewusstseins, eine andere Ebene öffnet sich dort, wo die Grenze zwischen den Bewusstseinsebenen überschritten wird. Das unsterbliche Selbst manifestiert sich hinter und über dem Unbewussten, im Überbewussten.

Die Reizüberflutungen des modernen Lebens mit ihrem ununterbrochenen Informationsfluss werden überwunden, zurückgelassen und abgeschaltet, und das Ego sowie sein Werkzeug, der Verstand, werden gleichsam »gedimmt«, um Raum zu geben für das dahinterstehende lebendige Sein: das wahre Leben, das wahre Sein in Frieden, Freude und Schönheit.

Das Erfahren der Stille kann auch zur Begegnung mit der Welt des eigenen und des kollektiven Unbewussten werden. Denn dort, wo das Normalbewusstsein transzendiert ist, öffnet sich der Bereich des Unbewussten. Von dort aus öffnen sich die Wege in hohe und höchste Schwingungsebenen des Überbewussten oder *Höchsten Selbst*.

Dies braucht Vorbereitung, genauer gesagt eine Reinigung und die Transformation des persönlichen Ballastes; der Mensch wird nur dann dem größeren Licht, der *Einen Quelle* begegnen und sie auch aushalten können, wenn er die erforderlichen Reinigungs- und Transformationsprozesse durchlaufen hat.

Wer an der Schwelle zwischen den Bewusstseinsebenen ankommt, dem kann dort aber Hilfe zuteilwerden. Es warten dort geistige Helfer, Vertreter der himmlischen Heerscharen, um Reinigung im Nichtmateriellen, an der menschlichen Seele, am Unbewussten zu vollziehen. Damit wird der Einzelne darauf vorbereitet und befähigt, hohen und höchsten Lichterfahrungen zu begegnen.

Man darf sich diesen Helfern vertrauensvoll überlassen und ganz hingeben. Sie kennen die Wege und die Mittel, den Menschen so vorzubereiten, damit es ihm gelingt, jene geistige Plattform zu erreichen, von der aus Reisen in andere Welten, in andere Bewusstseinsebenen des Weltenbewusstseins möglich werden.

Affirmation:

»Ich lasse meine Liebe durch mich fließen ...,
um die Wege der Stille in Hingabe zu gehen
und um mein inneres Licht zu schauen!«

▲

3

[Hinter der Stille]

»Am Anfang war das Wort, und das Wort wurde Fleisch«, so heißt es in der Bibel – ein Gleichnis, das darauf verweist, wie geistige Impulse auf der irdischen Ebene Form annehmen. Was ich hier wiedergebe, sind Erfahrungen und Botschaften aus einer Welt, die im Nichtmateriellen existiert und dort genauso Form und Existenz hat wie diese materielle Welt.

Überall im weiten Raum des Universums gibt es geistige Zentren. Sie sind ebenso Teil des Ganzen wie alles, was sich in der Materie, in dieser Welt, manifestiert hat. Um sie zu erreichen, bedarf es der Erfahrung der Stille und des Eintretens in Bewusstseinsräume, die sich hinter der Stille öffnen.

Die Lenkung und Leitung dessen, was Form angenommen hat, geschieht aus geistigen Ebenen, aus der Fülle des immateriellen göttlichen Seins, also aus dem Oben. Von dort erreichen uns Impulse zu Gedanken, Gefühlen und Handlungen, die sich über intuitive Ebenen in allem zeigen, was Leben ausmacht. Diese Impulse kommen aus der Macht des Überbewussten, aus der universalen Quelle alles Lebendigen, aus welcher alles Seiende ist.

Das Lebendige ist ein kostbares Gut und will gepflegt sein, und Pflege bedeutet, den Weg zu bereiten für Reife und Wachstum. Es bedeutet ferner, Teil einer Evolution zu sein, die das Gute, das ohne Negativum ist, umsetzt. Hinter allem steht die Kraft der *Einen Quelle*: göttliche Kraft. Sie strömt aus dem Numinosen, aus dem Nichtexistenten, noch Formlosen, um sich in grenzenlosem Licht zu manifestieren und sich dann in der Dualität des Seins in vielen Prägungen und Formen auch auf der irdischen Ebene auszudrücken.

Diese schöpferische Urkraft ist reine sowie unpersönliche LIEBESKRAFT, die kein negatives Gegenteil hat. Das Glückliche manifestiert sich durch sie, und sie ist die Urkraft zum Guten, die alles Lebendige ins Sein bringt. Sie manifestiert sich auch in der Willenskraft des Menschen und ist damit das Werkzeug zur Umsetzung dessen, was den Menschen in seinem Tun im Jetzt motiviert.

Der Mensch hat beispielsweise von Geburt an den Wunsch, glücklich und zufrieden zu sein. Damit dies möglich wird, sind Reife, Wachstum und Bewusstheit nötig, was durch die Berührung des Lebendigen in der Stille und die Reaktivierung der Anbindung an das Überbewusste, an das *Höchste Selbst*, an die *Eine Quelle*, an Gott möglich ist. Es ist ein Weg in das Jetzt, in den Augenblick der Gegenwart, denn nur im Jetzt ist Leben, ist glückliches Sein möglich.

Das Überbewusstsein ist u. a. der Zustand, den man in der Bibel als »Paradies« beschrieb. Um im Gleichnis der Bibel zu bleiben: Als der Mensch das Paradies verlassen hatte, war er vom Überbewussten, vom kosmischen Bewusstsein, abgeschnitten worden, das die direkte, bewusste Anbindung an das eigene unsterbliche Sein, an das *Höchste Selbst*, an das »Ich bin«, an die *Eine Quelle*, aus der alles ist, bewerkstelligen konnte.

Die Wiederanbindung an das Überbewusste ist nun das ultimative Ziel der Evolution und der Auftrag des Menschen. Er verwirklicht sich durch fortschreitendes, evolutives Wachstum und durch die zunehmende Bewusstwerdung des Einzelnen und auch des Kollektivs. Um diesen Prozess zu erleichtern und zu beschleunigen, verändert sich die Energiequalität der irdischen

Umgebung von Zeit zu Zeit. Feinschwingende Energien im Bereich der irdischen Schwingungs- und Vibrationsfrequenzen wurden in neuerer Zeit von hohen geistigen Mächten so modifiziert, dass die Bewusstseinsweitung für den Einzelnen und das Kollektiv erleichtert wird.

Es geht auch darum, sich seiner selbst und seines Umfeldes bewusster zu werden, um die eigene Lebenszielsetzung besser erkennen zu können. Die drei wesentlichen Fragen lauten: Wer bin ich? Wo komme ich her? Wo gehe ich hin? Aus diesen Fragen ergibt sich für den einzelnen Menschen die Motivation, seine Lebensziele und damit seine Bewusstwerdungsprozesse besser zu erkennen. Hier ist der Weg bereits das Ziel.

Eine Erfolg versprechende Methode, um diese Fragen für sich zu beantworten, ist der Weg nach innen – über die Kontemplation und die Meditation. Über diese Pfade gelingt der Kontakt zu dem eigenen innersten Zentrum. Dieses Zentrum ist das Sein, aus dem die Individualität der Seele leuchtet, und diese Individualität wiederum ist das Fundament, auf dem sich die Persönlichkeit zu Wachstum und Reife entfaltet.

Bewusstwerdung hat das Ziel, den eigenen Lebensplan besser zu erkennen, denn wer sich seine Lebensziele bewusst macht, kann seine Energien konzentrierter auf sie ausrichten und sie besser verwirklichen. Mangelnde Bewusstheit – das gesamte eigene Sein betreffend – führt andererseits zu Egozentrismen unter der Leitung des Verstandes. Daraus entwickeln sich viele Ablenkungsmechanismen als Defensivstrategien des Egos, die Bewusstwerdung verzögern, behindern oder gar verhindern.

Das Ego ist hier nicht als Teil von Geist und Seele gemeint, sondern als die Summe der persönlichen Lebenserfahrungen aus diesem Leben. Das persönliche Ego mit seinem Werkzeug Verstand versteckt tendenziell die wahre Essenz des Seins hinter der Persönlichkeit. Der Mensch identifiziert sich dadurch mit einem Ausschnitt seines Seins, nämlich lediglich mit der Erfahrungswelt seiner Person. Diese Identität der Person ist demnach allein die Summe ihrer Lebenserfahrung, ihr Ego oder ihr egozentriertes Selbst. Große Teile davon sind in unbewussten Bereichen gespeichert und lenken und steuern von dort, aus unbewussten Feldern, menschliches Verhalten, auch negative Eigenschaften wie Angst, Wut, Zorn, Trauer, Besitz- und Machtdenken, Neid, Hass etc. Hier hat alles, was dem Erhalt des Egos in machtvollen Konflikten mit dem Umfeld zu dienen scheint, seinen Ursprung. Die im Unbewussten verankerten Anteile des Egos zeigen sich u. a. in Reaktions- und Verhaltensmechanismen, in Vorlieben und Abneigungen, Überzeugungen, Glaubens- und Wertesystemen und Ähnlichem.

Bewusstwerdung ist daher gleichzeitig eine Weitung des bewussten Horizonts und hat nicht nur den Effekt der »Selbst-Erkenntnis«, sondern bewahrt den Menschen auch vor gravierenden Abweichungen in seiner Lebenszielsetzung. Dort, wo Unbewusstheit zu Abweichungen vom wahren Lebensweg führt, ist Krankheit als Mittel der Korrektur vorbestimmt. Dies kann so weit gehen, dass die hinter der Persönlichkeit stehende Seelenindividualität den Weg über die Krankheit wählt, um eine Person, einen Menschen vollkommen auszuschalten. Dies mag im extremsten Fall den physischen Tod und somit das Ende einer Inkarnation auf der irdischen Ebene bedeuten. Krankheit kann, wo sie in einen heilsamen Prozess führt, aber auch ein Weg der Selbsterkenntnis und der Korrektur sein, ganz im Sinne der hinter der Person stehenden und von dort aus agierenden Seelenindividualität. Daraus resultiert die große Bedeutung, sich seiner selbst bewusst zu werden.

Dies kann, wie bereits weiter oben erwähnt, über die Wege der Meditation und der Kontemplation erreicht werden. Beides sind gute und bewährte Werkzeuge, um zu einer tief greifenden Bewusstheit zu gelangen, denn sie leuchten die Wege aus und zeigen ein Bild der Gesamtheit eines Menschen in seiner Dualität: zwischen seiner materiellen, physischen Existenz und seiner geistig-seelischen Dimension und Struktur. Der meditative Weg nach innen führt über die Stille, über das Neutralisieren der Sinne und der Person, um so in unbewusste Bereiche und weiter in geistige Sphären vordringen zu können. Dort kann der Mensch mit unterschiedlichsten geistigen Zentren in Berührung kommen; wer sich aufrichtig bemüht und dort anklopft, dem wird aufgetan werden ...

Es zeigen sich dann auch Wesenheiten und Helfer, die nur darauf warten, ihre Hilfe einzubringen. Sehr oft geschieht dies in einer direkten Begegnung des Menschen mit Wesenheiten, die auf einer geistigen Ebene bereits Teil seiner selbst sind. Es sind geistige Helfer, die sich als ganz persönliche Freunde und Helfer namentlich identifizieren können. Sie mögen aus der eigenen karmischen Vergangenheit stammen und somit bereits Begleiter durch viele Leben gewesen sein, oder es sind Schutzengel, die sich dem Menschen beigesellen. Immer entwickelt sich nach einer Phase des kontinuierlichen Kontaktes ein vertrautes und liebevolles Verhältnis zu diesen Helfern.

Wer sich dafür öffnet und Gebrauch von der angebotenen Hilfe macht, kann seine Wachstums- und Reifeprozesse wesentlich vertiefen und beschleunigen. Die Zusammenarbeit mit diesen unsichtbaren geistigen Helfern erleichtert das Leben wesentlich, und die unsichtbaren Wesenheiten begleiten den Menschen liebevoll sowie beschützen ihn vor Unheil. Die Helfer verfügen durch ihre Anbindung an die *Eine Quelle* über ein allumfassendes Wissen der Vergangenheit, der Gegenwart und der Zukunft, und je vertrauter das Verhältnis mit ihnen wird, desto weit reichender und umfassender wird sich die innere Führung und Begleitung entfalten.

Um es klar zu sagen: Diese innere Führung hat schon immer für die Menschen bereitgestanden, sie haben sie aufgrund von Unbewusstheit nur nicht mehr wahrgenommen und konnten sie größtenteils nicht mehr fühlen. Wenn aber die Öffnung nach innen zustande kommt, offenbart sich eine direkte Kommunikationsebene als wertvolles Werkzeug der Intuition und Inspiration.

Daraus ergibt sich eine unmittelbare Anbindung an überbewusste Quellen, die naturgemäß wesentlich effizienter wirken können. Es liegt somit auf der Hand, dass eine bewusste Hingabe an die innere Führung hilft, Fehler auf der Ebene der Persönlichkeit zu vermeiden. Denn dank der übergeordneten Sicht der Helfer kann die Persönlichkeit so geführt und gelenkt werden, dass sie vor Fehlern bewahrt und vor Krankheiten beschützt wird.

Natürlich hat der unbewusste Mensch über die Ebene der Intuition und Inspiration auch Zugang zu diesen geistigen Ebenen, aber der Zugang ist nun einmal unbewusst und reißt durch den Einfluss des Egos und äußerer Faktoren sehr oft ab. Wird diese Öffnung jedoch bewusst wahrgenommen, dann entfaltet sich durch die Entdeckung des eigenen *Höheren Selbst* jene Qualität, die man mit Selbstbewusstsein im wahren Sinne des Wortes definiert. »Selbst-Bewusstsein« ist hier als die Anbindung an das Überbewusste, an das *Höhere Selbst* gemeint, die einem den Zugang zu geistigen Bereichen ebnet, aus denen dann auch persönliche Hilfe in Anspruch genommen werden kann.

Alles Wissen dieser Welt ist in dem Überbewussten, den geistigen Bereichen enthalten. Dies sind die Ebenen, aus denen der Mensch seine Schöpferkraft entfaltet, und hier findet er die Verwirklichung seiner selbst auch auf der persönlichen Ebene. Was immer die persönliche Befähigung, die Talente und die Lebensinteressen ausmacht, auf dem Weg der Selbsterkenntnis werden solche inhärenten Potenziale leichter zur Entfaltung kommen. Man könnte diesen Weg auch als die Entwicklung des Homo sapiens hin zum Homo spiritualis definieren.

Damit ist die letztendliche Zielsetzung der Evolution angedeutet. Das Ziel ist es, den Menschen über den Weg nach innen, den Weg der Stille, zur Bewusstwerdung seiner selbst zu bringen. Damit erkennt er seine geistige Anbindung an überbewusste Ebenen und erfährt, dass alles, was ist, aus geistigen Ebenen, von oben einströmt. Die Hinwendung zum Oben und Innen ist daher der Weg der Entfaltung und des Wachstums; dies kommt auch in dem Begriff »Esoterik« zum Ausdruck, der »der Weg nach innen« bedeutet.

Die *Eine Quelle*, Gott, hat die Wege vorgegeben. Viele hohe Avatare und geistige Führer haben auf diesen Ebenen ihre Wegmarkierungen als Hilfe für den Suchenden hinterlassen. Diese Wege soll und muss der Mensch gehen. Der Mensch kann diese Pfade freiwillig und in liebevoller Hinwendung nach innen, in der Hingabe an das, was ist, und damit in angenehmer Weise gehen. Aber er hat auch den Weg des Widerstandes und der Verneinung zur Wahl. Wer diesen Weg geht, wählt den Weg der Schmerzen, der Konflikte und letztlich der Krankheit und des möglichen persönlichen Unterganges.

Als Person wird er solange in die Inkarnationen zurückkehren müssen, bis er sich seiner wahren Bestimmung bewusst wird. Dann wird das Ego transzendiert, die Öffnung nach innen ermöglicht und der Weg zu eigener vertiefter Bewusstheit ist frei.

Die Wiederherstellung einer kosmischen Ordnung auf dieser Erde ist in manchen Bereichen bereits eingeleitet. Vieles wird sich über längere Zeiträume hinweg noch an Konflikten zeigen auf der Erde, und doch geht alles seinen guten und richtigen Weg. Aus einer übergeordneten Sicht sind Konflikte ursächlich Anpassungsprozesse, die die Natur, der Mensch als Einzelner und auch das Kollektiv als Ganzes durchlaufen, um in jene Richtung zu kommen, die den evolutiven universalen Zielen entspricht.

Was der einzelne Mensch in dieser Zeit an Konflikten, an Frustrationen und an Widerständen erfährt, trifft gleichermaßen auch auf das Kollektiv, die Nationen und Völker zu. So ist der einzelne Mensch nur ein Beispiel für das, was die Allgemeinheit an Lebenssituationen, an Problematiken und an Widerständen aufzulösen hat. Damit dies in einer wohltuenden und nach Möglichkeit akzeptablen Form geschehen kann, sind geistige Helfer bereit, nach ihren Möglichkeiten mitzuhelfen, und diese Hilfe kommt aus der alleinen, göttlichen Kraft, aus der *Einen Quelle*, für die sie Werkzeug sind.

In der Zeitqualität, in der die Menschheit jetzt lebt, gibt es z. B. Konflikte zwischen den Religionssystemen des Ostens und des Westens, die einfach nur Ausdruck unterschiedlicher Interpretationen der einen Wahrheit sind. In beiden Systemen gibt es aber eine überwiegende Mehrheit, die zum Guten neigt und die die eine Wahrheit, die *Eine Quelle*, als solche erkennt. Es wird von daher stärkere Anstrengungen geben, die Gegensätze zu überwinden und das Gemeinsame zu stärken. Auch dafür gibt es Anzeichen.

Es ist wichtig, sich bewusst zu machen, dass in allen monotheistischen Religionen im Prinzip auf die eine Wahrheit, nämlich auf die Existenz der *Einen Quelle*, GOTTES, deutlich und klar hingewiesen wird. Menschen brauchen die Hinwendung zu dieser *Einen Quelle*, zu dieser manifesten Kraft Gottes, um in die Lage versetzt zu werden, die energetische Rückanbindung zu erreichen. Das Wort Religion – »re-ligio« – drückt dies aus und meint in seiner Bedeutung nichts anderes als die Rückanbindung an das Überbewusste, an das kosmische Bewusstsein, an die *Eine Quelle*, aus der alles kommt und aus der alles ist.

Ihre Energie manifestiert sich in der alles umfassenden Liebeskraft! Sie ist in allen Menschen gegenwärtig, und in ihr und mit ihr sind alle »Er-Lösungen«, alle Antworten, alles Gegenwärtige enthalten. Wer ihren Fluss spürt, ist im Jetzt und im Leben!

Affirmation:

»Ich lasse meine Liebe aus der Kraft
des Überbewussten fließen ...
Ich spüre, wie diese Energie mich in
meinem Jetzt neu ausrichtet!«

▲

4

[Geistige Wesenheiten aus anderen Lebensräumen]

So wie diese Welt und dieses Universum komplexe Systeme in der Materie sind, so gibt es komplexe geistige Welten, die diesen formgewordenen Welten Ursprung, Führung und Ziel sind. Immaterielle Zentren sind im »Oben« existent und lenken diese Welt aus geistigen Ebenen, lenken diese Erde im »Unten«. Sie sind das Fundament alles Lebendigen, denn alles Sein kommt aus diesen geistigen Quellen, aus dem Oben. Es ist dies die *Eine Quelle*, Gott, die sich in allen sichtbaren Welten in der Form manifestiert und sie mit Leben erfüllt.

In den großen Religionssystemen spricht man z. B. von göttlichen Heerscharen. Es sind dies geistige Wesenheiten mit sehr unterschiedlichen Aufgaben, und ob wir sie nun Engel, Daikinis, Bodisattvas oder geistige Wesen und Helfer nennen, sie sind in jedem Fall geistiger

Natur. Sie existieren genauso wie alles Lebendige, das sich in der Materie manifestiert. Diese geistigen Wesenheiten führen und lenken die Welten an allen Orten und zu allen Zeiten. Sie sind die Helfer der *Eine Quelle* und operieren jeweils auf den Ebenen, denen sie zugeordnet sind, und sie sind mit den unterschiedlichsten Aufgaben betraut.

Wie wir wissen, besteht das Universum aus einer großen Zahl von Galaxien sowie von Welten innerhalb dieser Galaxien. Diese Welten sind voller Leben und haben unterschiedliche Wachstums- und Evolutionsprozesse erfahren, weswegen sie sich in unterschiedlichen Entwicklungsphasen befinden. Manche Welten stehen dabei erst am Anfang ihrer Entfaltung, andere haben schon eine sehr hohe Entwicklungsstufe in der Evolution erreicht. Daraus resultieren unterschiedliche energetische Schwingungs- und Manifestationsgrade. Je entwickelter ein System, je fortgeschrittener seine Evolution ist, desto höher ist die Schwingungsfrequenz eines gesamten Systems.

In all diesen komplexen Welten gibt es geistige Führung und geistige Helfer, so auch in unserem System, in unserer Welt, in unserer eigenen Galaxis, deren Dimensionen gewaltig und für einen Menschen unvorstellbar groß sind. Unser eigenes irdisches System ist ein kleines

Abbild davon – genauso wie der Mensch in diesem System ein kleines Abbild der *Einen Quelle*, GOTTES, ist.

Dieses geistige System arbeitet und funktioniert zusammen mit seinen Helfern mit dem, was alles Lebendige geboren hat und am Leben hält: mit der einen universalen und überbewussten Liebeskraft, aus der alles ist. Alles Lebendige geht aus dieser *Einen Quelle* hervor und entwickelt sich stetig weiter. Dieses Wachstum mitzulenken und zu schützen, das ist die Aufgabe geistiger Welten und ihrer lenkenden Wesen und Helfer.

Manchmal mag die Zerstörung und Auflösung des Alten und Überlebten als Rückschritt verstanden werden. Tatsächlich wird jedoch durch die Auflösung überholter Denk- und Glaubenssysteme, auch in der Welt des einzelnen Menschen, erst der notwendige Raum geschaffen, um neues Wachstum, neues Leben zu schöpfen. Dies haben unsere Vorfahren in der geistigen Alchemie mit »solve et coagula« (»löse und binde«) gemeint.

Es betrifft das Auflösen und Loslassen überholter sowie begrenzender Situationen und Muster, wobei hier sowohl alte Reaktions- und Verhaltensmechanismen beim Einzelnen als auch beim Kollektiv gemeint sind. Es sind Anpassungs- und Auflösungsprozesse, die wiederum zum

Ausgangspunkt für neues kreatives Wachstum in einer sich ständig verändernden Welt werden.

Um Hilfe zu erhalten, hat der Mensch die Möglichkeit, sich an geistige Wesen zu wenden, er kann wahrhaftig die himmlischen Heerscharen in Anspruch nehmen, denn wie sagte doch z. B. Jesus, der Christus, so treffend: »Wer anklopft, dem wird aufgetan!« Christus als Vertreter des Göttlichen ist für jeden da, der Hilfe benötigt, und wer sich in Demut und in festem Glauben an ihn wendet, wird nicht abgewiesen. Wer sich auf den Weg nach innen begibt, kann diese geistigen Ebenen erreichen und die angebotene Hilfe in Anspruch nehmen. Geistige Wesen, Gottes Engel und Helfer, bemühen sich in Liebe und Hingabe um diese Kontakte und bieten ihre Hilfe an.

Die Helfer bringen sich aus wahrer Liebe ein, um einen Beitrag zur Evolution zu leisten, wobei sich diese Hilfe sowohl auf den einzelnen Menschen als auch auf die Gemeinschaft bezieht. Daher kann sich der Mensch sein Leben ganz wesentlich erleichtern, wenn er diese Hilfestellung in Anspruch nimmt. Sie schenkt ihm darüber hinaus die Sicherheit, seinen Lebensauftrag zu erkennen und zu erfüllen. Dann öffnet sich ihm der Weg zur Quelle, zu dem »Ich bin«.

Er erkennt dann die geistigen Welten an der Kraft, die sie verströmen: die universale, überbewusste, unpersönliche Liebeskraft! Wer sich für sie öffnet und ihre Resonanz in seinem Inneren spürt, fühlt, wie sich Frieden in seinem Herzen ausbreitet und Kraft sowie Vertrauen in das alles umfassende Sein strömen. In meditativer Stille ist der Mensch dann mit dem einen Leben verbunden!

Affirmation:

**»Ich lasse meine Liebe fließen,
damit sie mir Frieden im Herzen bringt ...!«**

▲

5

[Sein in der Gegenwart]

Die Welt ist nicht so, wie sie zu sein scheint. Was wir von ihr wahrnehmen und verstehen, ist unsere persönliche Wirklichkeit, und diese subjektiv erfahrene Wirklichkeit ist abhängig von der Summe unserer Lebenserfahrung, den Filtern und Mustern, die wir in uns tragen, sowie von unserer Auslegung der »Wirklichkeit«. Sie ist daher nur ein relatives und unvollständiges Bild, geboren aus unserer persönlichen Wahrnehmung und der Interpretation des Umfeldes, in dem wir leben. Die Wahrnehmung des Außen ist demnach ein begrenztes Bild, das in seiner Polarität und möglichen Vielfältigkeit erkannt werden muss. Dies bringt den Menschen automatisch in eine Position größerer Toleranz, größerer Offenheit und zunehmenden Verstehens. Alles, was man mit den Sinnen wahrnimmt, ist im Hier und Jetzt, und nichts von diesem Außen kann das innere Leben tatsächlich merklich beeinflussen, denn dieses innerste Sein ist zeitlos. Wer den Augenblick ergreift, fühlt das Sein hinter der Stille als das, was Leben ausmacht.

Vergangenheit ist nicht jetzt. Vergangenheit ist die Summe von Erfahrungen, mit denen man sich in seinem Ego identifiziert. Dies macht das Ego aus. Die Zukunft aber kann nur eine Erwartungshaltung sein, und das Jetzt ist ein Anfang, aus dem heraus Wachstum möglich ist. Das, was war, ist natürlich ebenfalls von Bedeutung, denn ohne Vergangenheit ist Zukunft nicht vorstellbar. Von daher ist Vergangenheit auch der Erfahrungsschatz, aus dem der Mensch schöpfen kann; er ist jedoch nur dann von Wert und führt nur dann zu Wachstum, wenn man das Überbewusste, die *Eine Quelle* und deren inspirierende sowie intuitive Potenziale mit einbezieht. Der Mensch muss sich des »Ich bin« vollkommen bewusst und an höhere geistige Quellen angeschlossen sein.

Vergangenheit lässt sich nicht einfach ausklinken. Wird sie als etwas Gegebenes und Unveränderliches, das oft schmerzlich, aber auch wertvoll und nützlich sein kann, akzeptiert, dann wird sie zu einem Erfahrungsschatz. Und damit ist es leichter, sie so anzunehmen, wie sie ist, auch wenn wir manches aus unserer Vergangenheit lieber nicht mehr zur Kenntnis nehmen möchten.

Wenn der Verstand Ziele vorgibt, dann sind es Erwartungshaltungen, Wunschlisten von bewussten und unbewussten Persönlichkeitsanteilen, Motive zu Erwartungen und Hoffnungen an die Zukunft. Diese Motive mögen verschleiert und in tiefen Schichten des Seins verborgen bleiben, doch Verstand und Gefühl zeichnen und formen daraus schließlich Wünsche und Erwartungen; diese haben ihre Ursache in bewussten und unbewussten Erfahrungen in der Vergangenheit, in Konditionierungen und in den Dingen, die das Ego, die Persönlichkeit, antreiben sowie steuern. Es geht darum, diese komplexe Wunschnatur – und damit die eigene Zukunft – mit dem Überbewussten, mit der geistigen Welt und ihren Helfern abzustimmen, um so damit umgehen zu können, wie es der Tag gebietet, wie es die Stunde erlaubt, wie es der jetzige Moment empfiehlt.

Wer so handelt, wie es das innerste Sein aus der Tiefe des Herzens vorgibt, begibt sich in die Hand Gottes und agiert aus seinem Überbewussten heraus sowie mit dessen zahlreichen Werkzeugen. Man braucht nur die Hand auszustrecken, um sie wahrzunehmen und zu seinem persönlichen Vorteil sowie dem seines Umfeldes zu nutzen. Vieles ist möglich, denn die überbewussten Werkzeuge können in dieser Welt alles bewegen, was ein Mensch sich in seinen Gedanken, in seiner Fantasie, in seinem schöpferischen Sein denken, erfühlen und wünschen kann.

Betrachten wir diese Welt als das, was sie tatsächlich ist: ein Spielplatz für die Begegnung vieler Egozentren, vieler Persönlichkeiten, vieler Menschen, die wenig bewusst durch dieses Leben gehen, weil sie es nicht anders gelernt haben. Dennoch sind sie auf der Suche nach dem Sinn des Lebens, nach der Realität hinter den äußeren Erscheinungsformen. Ununterbrochen begegnen wir anderen Menschen sowie anderen Egos und deren Gedanken, Gefühlen, Erwartungen, Hoffnungen und Vorlieben, mit all ihren positiven und negativen Seinszuständen, die sich mit den unseren unablässig kreuzen und reiben. Reibungen, Konflikte und Machtkämpfe sind eine natürliche Folge dieses Neben- und Miteinanders, die durch eigene Kommunikationsmängel und damit einhergehende Missverständnisse noch verstärkt werden. Wären alle Menschen gleich, gäbe es dieses scheinbare Chaos nicht. Jeder ist aber ein Individuum und hat als solches seine eigenen Entwicklungs- und Entfaltungswege und Chancen.

Wenn der unbewusste Mensch seinem Gegenüber begegnet, dann begegnet er der gleichen Erscheinungsform menschlichen Seins, wie er sie auch bei sich selbst findet. Zwei Egos, die sich begegnen, sind nun einmal komplexe

Persönlichkeitssysteme, denn beide sind durch ihre Erfahrungen und ihre charakteristischen Eigenschaften geprägt, die sie sich im Laufe ihres Lebens angeeignet haben aus Einflüssen der Vergangenheit, ihres Umfeldes, der genetischen und karmisch-seelischen Abstammung sowie aus all dem, was ihre persönliche Erfahrung ausmacht. Wenn sich daher zwei Egos begegnen, prallen regelrecht unterschiedliche Welten aufeinander. Sie sind demnach immer und jederzeit Konflikten ausgesetzt, die sich beinahe automatisch aus unterschiedlichen Strukturen und Interessenslagen sowie aus der Vergangenheit Ihrer Persönlichkeit ergeben.

Diese Konflikte zu erkennen, sie sich bewusst zu machen und zu überwinden, das ist Teil der Aufgabe der Menschen in dieser Zeit, denn dies ist eine besondere Zeit. Vieles, was in den energetischen Planetensystemen wirksam war, befindet sich in Veränderung und wird in neue Schwingungsebenen, in neue Vibrationspotenziale umgewandelt. Es ist ein Evolutionsprozess des Wachstums und der Weiterentwicklung, der sich andauernd und ununterbrochen fortbewegt. Nichts bleibt, wie es ist. Alles ist in Bewegung. Alles verändert sich.

Vor diesem Hintergrund vollziehen sich die Begegnungen zwischen Menschen in einer Zeit, in der sehr viel an

Frustration, an schmerzlichen Konflikten und an negativen Eigenschaften an die Oberfläche dringt und damit das menschliche Umfeld belastet. Dieser Effekt wird durch die weltweite, meist negative Informationsflut durch die öffentlichen Medien noch verstärkt. Damit wird auch das Umfeld dieser Erde in einer Weise belastet, die in ihrem ganzen Ausmaß zurzeit für die Menschen noch nicht erkennbar ist. Doch all dies ist gleichzeitig auch eine Chance zu mehr Erkenntnis, zu mehr Wachstum und zu mehr Transformation.

Geistige Helfer aus einer anderen Ebene des Seins haben die Probleme erfasst und wollen Hilfestellung leisten, wollen sich einbringen und das beisteuern, was fehlt; sie wollen den Menschen die passenden Werkzeuge an die Hand geben, sie möchten helfend und vermittelnd eingreifen, damit sich die Dinge auf dieser Erde in einer positiven Weise verändern und in eine Richtung bewegen, in der wohltuender Wandel und Anpassung eine Chance haben.

Deswegen ist Bewusstwerdung, das Erleben der Stille, das Erleben der Gegenwärtigkeit, der Kontakt mit dem Überbewussten von so großer Bedeutung. Je mehr Menschen in die Qualität der bewussten Wahrnehmung eintreten, je mehr Menschen sich das Konfliktpotenzial, das in ihrer Unbewusstheit verborgen ist, bewusst machen, desto mehr wächst neutrale Achtsamkeit und desto geringer wird die Gefahr einer zerstörerischen Entwicklung und größerer Dramen – für den Einzelnen wie für das Kollektiv.

In dieser Zeit sind wir an einem Punkt angelangt, an dem die irdische Welt sich immer schneller verändert. Die ersten Zeichen sind bereits sichtbar, doch noch erkennen viele nicht, was eigentlich geschieht. Deswegen sind die unsichtbaren Helfer hier, deswegen versuchen sie, eine Brücke zu schlagen zu denjenigen, die sich als Werkzeuge zur Verfügung stellen, deswegen versuchen sie die Botschaft zu vermitteln: »Haltet ein, werdet euch eures überbewussten Selbst bewusst, richtet den Blick nach innen, seht das, was wirklich ist, und erkennt, wie sich die Welt harmonisch und in eine neue sowie gute Richtung entwickeln kann.«

Es ist nur natürlich, dass der Mensch sich mit dem identifiziert, was er als die eigene Persönlichkeit, als das eigene Ego wahrnimmt – und damit identifiziert er sich zuallererst mit seinem Verstand. Dieser ist ein wichtiges und notwendiges Werkzeug, doch der Verstand braucht ein Kontrollinstrument, ein System, das ihn lenkt, leitet und als das gebraucht, was er ist: ein Werkzeug der Vernunft, das die Dinge in einer harmonischen und für alle akzeptablen Weise in die Welt zu bringen vermag. Vernunft – und besonders kontemplative Vernunft – gründet auf der Anbindung an intuitive, schöpferische und geistige Ebenen, sie ist also mit den Ebenen des Überbewussten verbunden.

Der Verstand wird unter der Führung der Vernunft somit ein schöpferisches Werkzeug, das alles, was ist, mitformt. Der Verstand soll demnach als Werkzeug der Vernunft und intuitiver hoher Ebenen fungieren, um in einer vernünftigen Weise, die den Menschen schließlich eigen ist, zu agieren.

Wie gesagt: Die Menschheit, dieser Planet, steht an einem wichtigen Entwicklungspunkt, an einer bedeutenden Wegmarke. Wenn es gelingt, den Grad der Bewusstheit insgesamt zu erhöhen, dann gelingt es auch, die Entwicklung in dieser Welt in harmonischer Weise voranzutreiben und so eine gute und positive Gestaltung dieses Planeten zu fördern sowie zu sichern. Aber die Zeit drängt! Zwar werden sich immer mehr Menschen über sich selbst bewusst, und sie nehmen auch ihr Umfeld bewusster wahr, doch es sind noch große Anstrengungen nötig, um die Evolution auf diesem Planeten positiv und wohltuend zu gestalten.

Geistige Helfer geben uns dazu nützliche und aufklärende Botschaften an die Hand, damit wir handeln können. Nehmen wir sie an, denn vieles ist möglich. Die Menschen haben einen Anspruch auf Glückseligkeit im Jetzt, und dieser Anspruch soll als Fülle in ihrem Leben Wirklichkeit werden. Doch dazu ist es notwendig, über den Weg des Innehaltens, der Meditation und der Stille wahre Bewusstheit zu erreichen. Die Mühe, diesen Weg zu gehen, ist nicht groß. Die Vorteile, die sich daraus ergeben, sind dagegen enorm, denn wer sich wahrhaft bewusst ist und die Dinge so akzeptiert, wie sie sind, um daraus das Beste zu machen, bei dem lösen sich Sorgen und Probleme der Vergangenheit allmählich auf.

Die Vergangenheit steht nun einmal, wie schon erwähnt, unveränderbar fest. Wir können sie nur akzeptieren und alles Hadern darüber aufgeben. Danach können wir aus dem Guten der Vergangenheit unser Jetzt neu aufbauen, den Blick nach vorne richten und unser lebendiges Sein in Gedanken, Gefühlen und Handlungen erfahren. Dies erspart es einem nicht, die eigene Lebenssituation, wo es nötig ist, so zu verändern, dass in ihr immer weniger Dramen entstehen, doch aus der Gegenwärtigkeit des Jetzt wird dies mit der Gelassenheit eines inneren Friedens möglich sein. Er beinhaltet die ganze Kraft universaler Liebessubstanz und versetzt den

Menschen so in die Lage, aus dem Urgrund seines innersten Seins gut, wahrhaftig, gerecht, richtig und damit authentisch zu handeln.

Die Botschaft des »Ich bin« wird immer mehr Menschen erreichen, und die Zahl derer, die sich dafür öffnen, wird wachsen ... Das Geheimnis des Erfolges ist denkbar einfach: Vieles gewinnt eine neue Dimension im Leben – durch einen kleinen wichtigen Schritt, durch eine bedeutsame fundamentale Übung der Herzensöffnung mit folgender Affirmation.

Affirmation:

»Ich akzeptiere, was ist! Ich öffne mich
in Freude für das Neue, Wohltuende
in meinem Leben; ich öffne mein Herz
und lasse meine Liebe fließen ...!«

▲

6

[Transformation und Bewusstwerdung]

Der Mensch erfährt seine Reife, seine Transformation entweder über den Weg der unbewussten Anpassung, also den Weg der Schmerzen und Konflikte, oder über den Weg der inneren Führung, der Abstimmung auf das innerste Sein, auf das überbewusste Selbst. Dazu bedarf es des Innehaltens, des Eintritts in die Stille, der Hingabe an die universale Liebeskraft.

Anpassung über Schmerzen ist der Weg der unbewussten Transformation. Sie zwingt den Menschen, notwendige Veränderungen in seiner Lebenssituation zu akzeptieren und sich anzupassen. Die bewusste Transformation dagegen gelingt über die Akzeptanz des Ist, über den Weg der Bewusstwerdung und durch die Kraft der universalen Liebe. Die Akzeptanz der Gegenwart und die Tatsache, dass man sich freiwillig für das Sein öffnet und sich ihm hingibt, bewirkt Veränderung. Lebenssituationen, die sich aus der nicht mehr veränderbaren Vergangenheit ergeben, werden akzeptiert, und Neues, Wohltuendes kann durch Akzeptanz und Anpassung ins Leben treten.

Dies bedeutet nicht, Veränderungen aus dem Weg zu gehen oder unangenehme sowie schmerzliche Situationen nicht zu verlassen, sondern vielmehr sollte man die Dinge so annehmen, wie sie sind, von diesem Punkt aus den Wandel anstreben und beginnen, aus nicht mehr haltbaren Situationen auszusteigen. Noch einmal: Hingabe meint in diesem Zusammenhang, dass man sich im Hier und Jetzt für das innere Sein öffnet und das, was in der Vergangenheit liegt, vorbehaltlos akzeptiert. Denn die Vergangenheit ist unabänderlich, die Kraft der Gegenwart jedoch lässt neue Lösungen und Veränderungen zu. Die Zukunft kann sich dann aus der Gegenwart neu gestalten. Deswegen ist nicht die Fokussierung auf die Vergangenheit oder auf Zukünftiges, sondern die Konzentration auf die Gegenwart die Ausgangsbasis für einen Neubeginn in jeder Weise.

Ein Kriterium hierbei ist, vollkommen bewusst zu werden sowie alles tatsächlich bewusst wahrzunehmen. Um dies wirklichkeitsnah zu erreichen, muss der Verstand als

Werkzeug des Egos erkannt werden. Ego und Verstand befinden sich in einer kontinuierlichen und wechselseitigen Beziehung, und der Verstand hat die Tendenz, ununterbrochen in Tätigkeit zu sein. Er ist entweder mit der Vergangenheit oder der Zukunft beschäftigt und baut sowie konstruiert ununterbrochen in seinen kreisenden, gedanklichen Bewegungsabläufen. Es kommt also sehr darauf an, diese kontinuierlichen Kreisbewegungen des Verstandes zu unterbrechen und möglichst aus ihnen herauszutreten. Durch Hingabe an das, was ist, gelingt es, sich aus diesen ununterbrochen kreisenden Bewegungen des Verstandes zu befreien. Es fällt vielleicht nicht immer leicht, aber Bewusstheit und Konzentration auf die Stille lassen es zu.

Dann öffnet sich, was hinter dem Verstand, hinter dem persönlichen Ego steht, nämlich der Weg nach innen, der Weg zum eigentlichen, zum überpersönlichen, überbewussten Sein.

Mit diesem Sein in Berührung zu kommen bedeutet, die Person, die Welt zu transzendieren. In der Stille fühlt sich das Sein als Beobachter, der das eigentliche Leben, das unsterbliche und überbewusste Selbst, die Individualität ist, die hinter der Persönlichkeit steht und uns durch alle Leben begleitet. Sie ist unser Wesenskern und das, was den menschlichen Lebensplan vorgibt. Sie steht über der Person, oberhalb des Egos und oberhalb des Verstandes und kann wertfrei wahrnehmen, was ist.

Ein Transformationsvorgang unter Schmerzen ist auf der anderen Seite ein durch die Individualität im Überbewussten ausgelöster Prozess, der das Ziel hat, die Persönlichkeit im Sinne des eigenen Lebensplanes und der karmischen Vorgaben zu verändern, ihren Weg neu auszurichten oder anzupassen. Ein bewusster Prozess der Veränderung wird dann eingeleitet, wenn der Mensch sich aus der Egokontrolle herauslösen kann und es seiner überbewussten Individualität, seinem *Höchsten Selbst* erlaubt, die Führung zu übernehmen.

Seiner Natur gemäß wird das Ego all seine Möglichkeiten nutzen, um die Kontrolle über die Persönlichkeit und damit seine Identität nicht zu verlieren. Dazu dient ihm der Verstand mit seinen Strategien der Verteidigung, der Rationalisierungen und kontinuierlichen Wertungen aus Vergangenheit und erwarteter Zukunft. Es ist ein Teufelskreis gedanklicher Kreisbewegungen, der so manchen Menschen in die Verzweiflung und in tiefe Depressionen treibt.

Es kommt also darauf an innezuhalten sowie sich bewusst zu werden, was tatsächlich ist und wie aus unbewusster eine bewusste Wahrnehmung werden kann. Dazu gehört auch, sich seiner innersten Motive, seiner Wunsch-natur bewusst zu werden. Bewusstsein ist demnach die Fähigkeit, sich selbst und sein Umfeld aus der überge-ordneten Sicht des inneren, überbewussten Seins, der Seelenindividualität zu sehen. So kann man dann den Strom göttlichen, schöpferischen Tuns, Seine allumfas-sende Liebeskraft spüren.

Ein Schritt in diese Richtung ist die Affirmation:

»Ich öffne mich meinem überbewussten
Selbst und lasse meine Liebe fließen ...!
Ich spüre meinen Wesenskern und wie
mich dies mit Vitalkraft erfüllt sowie
zurück in mein Urvertrauen, in die
Anbindung an das ›Ich bin‹ bringt.«

7

[Bewusstheit und Unbewusstheit]

Der unbewusste Mensch ist sich seiner wahren Situation nicht gewahr. Er ist sich nicht bewusst, was ihn über seine Wunschnatur motiviert, was ihn zu seinen Gefühlen, Gedanken und Handlungen antreibt. Er erkennt sich nur unvollständig, wenn Gefühle an die Oberfläche seines Bewusstseins treten oder sich Gedanken in Vorstellungsbildern äußern, die ihn dann zu Handlungen motivieren. Seine Antriebsmotive bleiben verdeckt oder weitgehend verschleiert.

Solch ein Mensch handelt aus eher unbewussten Reaktions- und Verhaltensmechanismen heraus und wird vom Ego der Persönlichkeit gelenkt. Die Persönlichkeit und ihre Charakteristik sind als solche die Summe der Lebenserfahrung, die im Gedächtnis in bewussten oder unbewussten Verhaltens- und Reaktionsmechanismen, in Überzeugungen und Glaubenssystemen gespeichert ist.

Dazu gehört alles, was im Laufe des Lebens über Lern- und Erfahrungsprozesse verarbeitet und integriert wurde. Die Summe dieser Lebenserfahrung manifestiert sich, wie gesagt, als Ego, als Identität der Person.

Der unbewusste Mensch identifiziert sich weitgehend mit seinem Ego und reagiert bevorzugt über sein Denken und Fühlen, d. h. aus unbewussten Mustern heraus, und Vorlieben, Abneigungen und Glaubenssysteme spielen eine Rolle. Die Gefühlsebene erreicht zwar tiefere Schichten, sodass hier noch eine Kommunikation mit dem innersten Zentrum möglich ist, besonders bei Männern wird diese Ebene aber vom Denken überlagert.

Das Wahrnehmungsspektrum des unbewussten Menschen verliert sich in egogesteuerten Automatismen des Verstandes und dem, was in einer Situation wahrgenommen und interpretiert wird. Praktische Vernunft ordnet dieses nicht selten konfliktreiche Chaos zum Teil, aber auch die Vernunft ist häufig egozentriert, d. h. sie ist nicht abgestimmt auf das hinter dem Ego stehende Sein, das eigentliche Leben, die Ebenen der Intuition.

Um zu diesem Sein vorzudringen, ist ein Innehalten erforderlich. Eine direkte und schnelle Methode, die Sinne und alle Gedanken zu einem Stopp zu bringen, ist der momentane Ausstieg aus vergangenheitsbezogenen

Gedanken, genauso wie aus zukunftsorientierten Über-
legungen. Dieser Stopp bringt den Menschen in die
Stille und in Berührung mit dem dahinterliegenden es-
senziellen Sein. Aus diesem Sein heraus kann dann
Schöpferisches ausströmen, und ein Bild ganzheitlicher
Wahrnehmung kann sich offenbaren.

An diesem Punkt werden egozentrierte Gedanken überlagert, und das Bewusstsein erfasst Motive aus höheren
Bewusstseinsebenen sowie aus der unbewussten Wunsch-
natur. Das Tor zu intuitiven, schöpferischen Bewusstseinsebenen öffnet sich. Hinter der Stille werden somit
Zugänge zu geistigen Bereichen wahrgenommen wie auch
die Helfer aus diesen Bereichen. Zunächst mögen sich
diese Helfer in bestimmten Antriebsmotiven oder in ins-
pirierten Gedanken und Gefühlen manifestieren, wer sich
jedoch bemüht, tiefer in diese Bereiche einzudringen,
dem eröffnet sich eine ganz neue Welt.

Er wird sich bewusst und erkennt, dass es dort Wesenheiten gibt, die ihm in besonderer Weise zur Verfügung
stehen. Es sind geistige Helfer aus den verschiedensten
Ebenen universalen, geistigen Geschehens, und je nach
Art der Zugangsebene kann sich daraus ein kontinuierli-
ches Miteinander entwickeln. Dem Menschen erschließt

sich damit eine geistige Welt, aus der heraus eine vollkommene Veränderung seiner Lebenssituation möglich wird; er kann sein Leben neu ausrichten auf seine eigentliche überbewusste Lebensplanung. Man könnte dies auch als einen Zugang zu einer höheren überbewussten Vernunft, einer kontemplativen Vernunft definieren. Wahr ist, dass es sich nicht um Persönlichkeitsaspekte handelt, sondern dass hier eine Kooperation mit geistigen Mächten ermöglicht wird, die das Persönliche übersteigt und transzendiert.

In allen Religionen dieser Welt sind diese Ebenen erkannt und unterschiedlich definiert worden. In der christlichen Tradition spricht man, wie oben erwähnt, z. B. von himmlischen Heerscharen, von Engelwesen und von Heiligen, die helfend tätig sind. In der christlichen Mystik hat beispielsweise das Christusbewusstsein in der Gestalt Jesu seine machtvolle Präsenz schon immer gezeigt.

Das Etikett, das man dieser Welt und ihren Erscheinungen gibt, ist außerhalb der Religionen nicht von Bedeutung. Wichtig ist nur, sich den Zugang dorthin zu erarbeiten und damit in eine Bewusstheit einzutreten, die dem menschlichen Sein eine neue Dimension verleiht. Genau genommen wird der Mensch, der diese Schwelle überschreitet, in seiner Persönlichkeit zu einem Instrument seines überbewussten Höheren Selbst.

Dieses *Höhere Selbst*, seine Seelenindividualität, sein Sein, seine unsterbliche Seele geben nun den Ton an und lenken die Geschicke. Dies hat eine grundlegende Neuorientierung zur Folge, und es wird möglich, die eigene wahre Lebenszielsetzung besser zu erkennen und zu verwirklichen. Dies bedeutet auch, eigene Potenziale und Talente besser zu entfalten und in das tägliche Leben einzubringen, das dann der eigenen Bestimmung folgt. Nichts ist mehr dem Zufall überlassen, sondern alles geschieht im ureigensten Interesse der inkarnierten Seelenindividualität, des *Höheren Selbst*.

Eine der vielen positiven Konsequenzen, die sich daraus ergeben können, ist ein bewusstes Leben in der Gegenwart. Die persönliche Vergangenheit tritt in den Hintergrund, und die Zukunft formt sich aus dem, was intuitive sowie schöpferische Impulse aus hohen geistigen Bereichen bewirken können und in das Leben einbringen. Neue Perspektiven nehmen Gestalt an, und der Mensch wird sich bewusst, dass er in der Fülle seines Seins tiefen inneren Frieden erreichen kann.

Die persönliche Lebenssituation eines Menschen mag sich nicht sofort so verändern, dass er in reiner Glückseligkeit lebt, und so manches, was die Vergangenheit hinterlassen hat, mag im Jetzt noch aufzuarbeiten sein.

Aber die Wege sind aufgezeigt, um durch die Hingabe an das überbewusste *Höchste Selbst* und an die Wesenheiten, die nun helfend zur Seite stehen, aus den Problemen und kritischen Situationen auszusteigen oder bessere Lösungen für das eigene Wachstum zu finden.

Glücklichsein ist im Übrigen nicht von bestimmten äußeren Konditionen abhängig, sondern es ist die Momentaufnahme im Jetzt, die sich außerhalb des Persönlichen, aus dem Sein im Jetzt ergeben kann – einfach dadurch, dass man sich fühlend und denkend auf das Jetzt, auf den Moment der eigenen Existenz konzentriert, wobei Vergangenheit und Zukunft zurücktreten. Nur im Jetzt ist Leben aus dem Sein möglich – und infolgedessen auch Glücklichsein. Glücklichsein ist insofern eine innere Einstellung, die sich aus der Anbindung an das Überbewusste ergibt – im Hier und Jetzt. Dies beschert Frieden im Herzen und das absolute Vertrauen in eine positive Entwicklung für das weitere Leben.

Es mag ab und an immer noch zu Fehlinterpretationen kommen von dem, was aus hohen geistigen Quellen herabfließt, und es mag immer noch Interferenzen eines kritischen Egos und wertenden Verstandes geben, aber ist die Türe zu geistigen Bereichen und den geistigen Wesenheiten einmal geöffnet, fällt sie nicht wieder zu – der

Weg wird nicht wieder vergessen. Vergangenheitsbezogene Gedanken- und Gefühlsmuster treten in den Hintergrund oder werden transformiert, und stattdessen dominieren starke Impulse aus geistigen Bereichen, die das Leben aus Ebenen der kontemplativen Vernunft und mittels der Intuition des überbewussten *Höchsten Selbst* steuern.

Unbewusstes Leben hat sich damit in ein Leben in Bewusstheit gewandelt. Eine fühlbare persönliche Entfaltung bekommt Raum, und das Leben insgesamt wird als faszinierender Weg der Entfaltung und des Dienens für einen höheren Zweck erkannt. Das Ziel ist die Entfaltung, das Wachstum und die Reife der eigenen unsterblichen Seelenindividualität als Beitrag zur Evolution des Ganzen. Es ist aber auch das Sich-Einbringen in das persönliche Umfeld, in dem die eigene Lebensaufgabe gesehen und erfüllt wird.

Über lange Zeiträume ist der Mensch gewachsen. Aus primitiven Verhältnissen hat er sich zu dem entfaltet, was er heute ist. Vieles hat aufgrund von mangelndem Verständnis weniger wünschenswerte Ergebnisse gebracht, doch haben auch zahlreiche herausragende Persönlichkeiten und Avatare die Wege zu weiterer Entwicklung aufgezeigt, und manches hat sich bereits zum Guten hin verändert.

Nun befinden sich die Weltanschauungen der vergangenen Jahrhunderte in einer tief greifenden Wandlung. Der Mensch wird immer weniger als eine Maschine, als ein Rädchen in der Gesamtheit gesehen, sondern man erkennt immer mehr sein schöpferisches Potenzial, man erkennt, wo er sich einzubringen versteht. Dieses schöpferische Potenzial geht einher mit der Bewusstwerdung und der Zusammenarbeit mit geistigen Welten. Ist einmal erkannt, dass die Welt nicht nur aus der Person, ihren fünf Sinnen und ihrem Werkzeug, dem Verstand, besteht, dann öffnen sich die Wege in Bereiche des Unsichtbaren, Machtvollen und Überbewussten.

Unsichtbares ist aber, wie die Physik erkannt hat, nicht weniger wirklich. Es geht also darum, das eigene Wahrnehmungsfeld dorthin auszudehnen, wo hinter der materiellen Erscheinung die Quelle des lebendigen Unsichtbaren fühlbar wird. Dies mag zunächst ein Fühlen sein, es wird aber immer mehr zu einer neuen, einer anderen, einer greifbaren, inneren Wirklichkeit werden.

Die fünf Sinne der Persönlichkeit werden so in einer Weise ergänzt, die für den unbewussten Menschen bisher nicht denkbar war. Für den sich bewusster werdenden Menschen wird erkennbar, was die Welt tatsächlich lenkt: die universale, schöpferische Willenskraft der *Einen Quelle*, GOTTES, aus dem alles Leben fließt. Ist diese Wahrheit erkannt und integriert, ist der Homo spiritualis geboren.

Aus dieser *Einen Quelle* strömt die eine bewusste Energie, aus der alles ist: die universale Liebe Gottes. Aus diesem inneren Energiestrom manifestiert sich das eine Gute, das keine Polarität hat: nämlich der Urwille zum Guten, der alles schöpft und ins Leben bringt. ER verströmt sich durch das Leben in Bewusstheit und Liebe.

Affirmation:

»Ich lasse meine Liebe fließen und erfahre
daraus die Resonanz von ›Glück-im-Sein‹!
Ich lasse meine Liebe fließen …!
Ich spüre darin die Kraft des Allmächtigen,
die Kraft des Überbewussten, welche
Wunder in meinem Leben bewirkt!«

▲

8

[Hingabe]

Hingabe ist die demütige Anerkennung einer höheren Macht, die über allem steht: das überbewusste »Ich bin«, die *Eine Quelle*, Gott. Hingabe gründet in der festen Überzeugung, dass die eigenen Lebensumstände vollkommen in Ordnung sind und alles gerecht verteilt wurde, d. h. was mein Leben ausmacht, wurde aus mir selbst heraus bewusst oder unbewusst so geschaffen, wie es jetzt ist. »Wie man sich bettet, so liegt man ...« Unter Hingabe ist die Akzeptanz einer Situation zu verstehen, die man nicht ändern kann. Es geht also um etwas aus der Vergangenheit, das anzunehmen ist.

Hingabe meint, sich nicht länger mental und emotional mit einer nicht veränderbaren Vergangenheit zu beschäftigen und sich nicht länger mit dem zu plagen, was hätte sein können, sondern zu akzeptieren, was ist – um so den bewussten Eintritt in die Gegenwart zu vollziehen. Die Akzeptanz einer nicht mehr veränderbaren Vergangenheit bedeutet jedoch nicht, dass man aus einer solchen Situation nicht Neues und Gutes schöpfen könnte. Im Gegenteil: Alles, was der Mensch tun kann, um einen Zustand zu verändern und eine bessere sowie akzeptablere Situation zu erreichen, ist gefordert. Hingabe ist aber auch das Werkzeug zur Lösung vieler Schwierigkeiten im Leben oder auch die Hinwendung an eine wichtige Aufgabe.

Hingabe kann so zum Empfangen des Glück bringenden Liebesstromes werden, der für die eigene Heilung sowie für die der Mitmenschen genutzt werden kann. Hingabe im höchsten Sinne ist eine Haltung der Demut und des vollkommenen Vertrauens an das göttliche Eine. Es ist Vertrauen in das eigene Sein, in das eigene Leben, aus dem sich die innere Sicherheit generiert, die sich Selbstbewusstsein nennt.

Hingabe ist auch das Vertrauen in das überbewusste Sein, in das *Höchste Selbst*. Sie kann in verschiedenen Stufen erfahren werden:

- Der erste Schritt der Hingabe ist die Akzeptanz des Unabänderlichen, der Vergangenheit.

- Der zweite Schritt ist, sich eigene Fehler zu verzeihen.
- Der dritte Schritt ist das Vergeben der Fehler des Nächsten, des Partners, der Menschen im eigenen Umfeld.
- Der vierte Schritt ist die Hingabe an die alles durchdringende, universale, göttliche Liebesenergie, an Gott, Seine geistige Welt und seine Helfer. Wer zu dieser Hingabe fähig ist, der spürt den Frieden in seinem Herzen.

Hingabe bewirkt den Ausstieg aus mentalen und emotionalen Konflikten. Der unaufhörliche Gedankenstrom, der sich an Problemen festklammert, kommt durch Hingabe zum Stillstand. Genauso lösen sich Sorgen und Ängste, die sich um die Zukunft drehen, auf. Negative Gefühle jeder Art werden durch Hingabe und Akzeptanz überwunden und aufgelöst, denn wo Hingabe und Akzeptanz sind, können Sorgen und Ängste nicht mehr existieren.

Hingabe bewirkt die Öffnung des Herzens, das Innehalten in einer Situation, um sich ihrer bewusst zu werden. Hingabe ist die Öffnung nach innen, die Berührung des Seins, des überbewussten Selbst. Hingabe löst Negatives auf. »Wenn Zweifel und Unsicherheit da sind, dann halte ein! Wenn du nicht weißt, wie es weitergehen soll, dann halte ein und werde dir bewusst, wo du jetzt stehst. Öffne dich mit Hingabe dem Verzeihen und Vergeben, vergib dir selbst und deinem Umfeld. Akzeptiere eine Lebenssituation so, wie sie ist, aber beginne damit, die Probleme in ihrer Ursache zu erkennen und hinter dir zu lassen, um deine Lebenssituation Schritt für Schritt zu verändern.«

Hingabe macht den Menschen bereit für die innere überbewusste Führung, und es gilt, sich auf diese innere Führung abzustimmen, sie zu spüren und sich ihr ganz hinzugeben. »Lass dich lenken und leiten aus den Impulsen und der Inspiration deines *Höchsten Selbst* heraus. Empfange, was für dich bereitgehalten wird!«, sagt die Stimme aus dem Zentrum des Herzens. Niemand ist in dieser Welt wirklich allein.

Wenn man das Gefühl hat, aus einer Situation aussteigen zu müssen, dann gilt es, das Vergangene hinzunehmen, um sich für das Neue öffnen zu können. Eine kraftvolle Maxime aus dem Schatz zeitloser Weisheiten dazu ist: »Handle unter dem Einfluss deiner inneren Führung, und gib dich dem hin, was ist. Verlasse, was dich belastet und nicht mehr weiterbringt. Schaffe Raum in

deinem Leben, damit sich das Neue manifestieren kann.«
Hingabe kann so zu einem wichtigen Werkzeug werden.

Die folgende zielgerichtete Affirmation begünstigt die innere Einstellung zum Glücklichsein, indem sie negative Gedankenmuster neutralisiert. Denn Glücklichsein bedarf keiner Ursache und keiner Wirkung. Es ist eine innere Einstellung, die man sich jederzeit im Jetzt, in diesem Augenblick, selbst erschaffen kann!

Affirmation:

»Ich öffne mich in Demut und Hingabe und lasse meine Liebe fließen, damit mein Leben sich in glücklichen Bahnen entfaltet ...!
Ich spüre, wie meine Perspektiven sich auf wunderbare Weise verändern.«

▲

9

[Liebe]

Liebe ist die Kraft der Attraktion, sie ist überbewusste, universale Schöpferkraft und das Instrument der Macht Gottes. Aus Liebe erschuf er die Welt und alles, was darin lebt. Aus dem Numinosen des göttlichen Beginns floss die Kraft der göttlichen Liebe, und es wurde Licht. Grenzenloses, ewiges Licht emaniert aus der Liebe Gottes.

Licht, Liebe und Schönheit sind Aspekte der gleichen überbewussten Kraft. Diese Kraft bringt alles ins Leben und ist in ihrer Vollkommenheit die Grundlage für alles Sein. Aus Liebe geschieht alles und schöpft sich alles. Es gibt nichts ist in dieser Welt, in diesem Universum, das nicht aus Liebe geboren ist. Liebe bewegt die Evolution in die eine positive Richtung der Entfaltung, Liebe ist die universale Kraft, die alles bewegt, der Urbeweger hinter allem Leben.

Liebe ist die stärkste Kraft und das höchste Gut auf dieser Welt, und wer in der Liebe ist, ist in Vollkommenheit, in Schönheit und in Glückseligkeit. Sie sprudelt aus den Tiefen menschlichen Seins, aus der seelischen Anbindung an das Göttliche. Liebe fließt aus dem universalen göttlichen Bewusstsein, aus der Macht und Kraft des Alleinen. Liebe ist die Kraft Gottes, die alles Persönliche übersteigt. Sie ist die Quelle des Lebens und das eine allumfassende, allwissende, ewige Kraftfeld, aus dem alles erschaffen wird und das alles erhält.

Liebe hat viele Eigenschaften, und fast alle Menschen haben zu ihr ein besonderes Gefühl entwickelt. Viele verstehen die Liebe eher als etwas rein Persönliches. Dies ist sie auch, aber dies ist nur ein Bruchteil von dem, was Liebe ausmacht, es umfasst sie nicht annähernd in ihrer ganzen Größe. Wer sich an das unbeschreibliche Glücksgefühl seiner ersten großen Liebeserfahrung, seiner ersten großen Herzensöffnung für einen anderen Menschen erinnert, fühlt die machtvolle Seelenkraft, die dort zum Fließen kam. Sie ist auch die Basis jener physischen Attraktion, die Menschen so fasziniert.

Liebe manifestiert sich als Anziehung der Polaritäten. So ist sie die treibende Kraft bei der Verbindung zweier Menschen und die Basis zum vollkommenen Glück zwischen Mann und Frau. Liebe bewirkt auf der körperlichen Ebene die sexuelle Anziehung und ist die dauerhafte Grundlage einer Seelenpartnerschaft; Liebe ist universell und bewirkt daher auch die Attraktion zwischen Geistwesen außerhalb des irdischen Seins. Liebe manifestiert sich in der Vereinigung auf körperlicher, seelischer und geistiger Ebene. Sie drückt sich in der Erfahrung eines orgastischen Höhepunktes ebenso aus wie in der Verschmelzung zweier Menschen in Liebe und Einheit. Liebe ist der Motor zu ganzheitlichem Sein zwischen den Polaritäten.

Liebe ist aber genauso die Antriebskraft zur Vervollkommnung der Individualität, und auch der allein lebende Mensch kann in vollkommener Liebe mit sich vereint sein. Aus dieser Einheit seines Wesens erfährt er die vollendete Einheit mit seinem *Höchsten Selbst* und mit der *Einen Quelle*, dem »Ich bin«. Liebe ist das Werkzeug der Ganzwerdung, das Werkzeug der Schönheit und Vollkommenheit, das Werkzeug, mit dem Heilige gemacht werden.

Liebe ist das Geschenk der *Einen Quelle* an den Menschen, mit dem er seine Vollkommenheit erfahren und glücklich sein kann. Liebe macht die Schönheit eines jeden Wesens aus, und wer in der Liebe ist, ist vollkommen und strahlt in der Kraft seines Schöpfers. Wer Liebe aber zurückweist oder ablehnt, befindet sich auf dem Weg der Auflösung und des Todes. Sein Herz ist verhärtet und treibt in Richtung Auflösung.

Alles, was diese Welt bewegt, geschieht aus der einen Kraft, aus der alles ist: Liebe! Diese Kraft mag sich in den unterschiedlichsten Weisen manifestieren und oft nicht als LIEBE erkennbar sein. Außer der Liebe existiert jedoch keine andere Kraft, weswegen die Liebe das eine Gute ist, das keine negative Polarität hat. Dank der Liebe bewegt sich alles in dieser Welt, sie ist der Motor der Transformation. Liebe ist auch dort manifest, wo sie ungesehen lebt oder versteckt erscheint, und so mag Liebe auch Zerstörerisches bewirken, wenn Altes abgebrochen oder aufgelöst wird, um Platz für Neues zu schaffen.

Liebe auf der Ebene der Persönlichkeit mag sich in den unterschiedlichsten Weisen zeigen: Liebe zum Sein, zu allem Lebendigen ist die edle Art der Liebe. Liebe zu Dingen ist legitim, mag aber zu Habgier degenerieren. Liebe als Eigenliebe mag in Machtansprüche ausarten. Hier zeigt sich Liebe auf der Ebene des Irdischen und des Persönlichen in ihrer Polarität, manchmal auch in einer destruktiven Form.

Liebe wird dann zu Schönheit, wenn sie in Freude aus einem reinen Herzen strahlt. Wenn zwei Menschen sich lieben, leuchtet die innere Sonne, denn sie sind in ihrer Vereinigung glücklich. Hier kann Liebe der Weg zu höchstem Einssein zwischen zwei Menschen und damit zu einer direkten Anbindung an das *Höchste Selbst* werden. Liebe ist dann die vitale Brücke zwischen der Persönlichkeit des Menschen und seinem Gott. Wer den Weg der Liebe geht, ist wohl gelenkt und beschützt.

Der Weg der Liebe ist der einzige Weg zurück zu Gott, und um diesen Weg zu gehen, bedarf es der Hinwendung zu Gott. Liebe ist die Art Gottes zu sein. Aus Liebe bewirkt Gott die Rückkehr der Seelen in sein Reich, und sie baut alle Brücken zwischen dem Lebendigen. Nichts existiert außerhalb der Liebe, dieser alles umfassenden, alles einschließenden göttlichen Energie.

Daher ist der Mensch weise, wenn er alles tut, um in der Liebe zu sein, um seine Liebe fließen zu lassen. Denn nur die Liebe wird ihn ganz machen und in die Fülle des Seins bringen.

Im Zustand der liebevollen Glückseligkeit wird Liebe in ihrer ganzen Fülle erfahren, und die Wege zu Liebe und Glückseligkeit entfalten sich aus Frieden im Herzen. Wer Frieden im Herzen trägt, ist in der Kraft der Liebe und löst die Probleme seines Lebens leichter. Frieden im Herzen zieht Liebe und Freude an. Wer Liebe lebt, auf welche Weise auch immer, ist in Harmonie, ist im Glück.

Der Mensch kam in diese Welt durch die Liebe, und Liebe ist daher auch sein Geburtsrechtrecht. Machen wir also Gebrauch von diesem Recht, und seien wir in der Liebe. Glück und Liebe, Liebe und Glück sind eins, und Liebe entsteht dort, wo sich eine problematische Vergangenheit in Hingabe und im Vergeben auflöst und die Gegenwart lebendig wird. Dann, um es noch einmal zu sagen, können wir aus der Liebe Fülle im Leben kreieren, und in der Liebe sind wir zufrieden und glücklich, wo immer unser Platz auf dieser Erde auch sein mag. Liebe fließt aus dem Sein, aus der Abstimmung mit dem Göttlichen, aber auch aus der Schönheit und Harmonie im Umgang mit dem Gegenüber.

Liebe geschieht, wenn das Herz sich weit öffnet und sie fließen darf ... »Erfreue dich an der Liebe, die aus deinem Herzen fließt. Je mehr du gibst, desto mehr erhältst du. Aber erwarte nichts zurück, sondern gib bedingungslos. Denn Liebe kann nur bedingungslos fließen, doch sie kommt von selbst zurück, tausendfach. Also sei großzügig, lasse sie königlich fließen. Verfalle nicht dem

Irrglauben, nur ein bisschen geben zu können, um dann viel zurückzubekommen. Gib alles, was dir möglich ist, und spüre, wie damit dein Selbst in Liebe erstrahlt. Spüre, wie dieses Strahlen auch dein Umfeld in Resonanz bringt. Spüre, wie Liebe und Schönheit bei dir sind«, so weit die Worte des *Höchsten Seins*.

Liebe ist die universale Kraft, die sogar Trauer in Schönheit verwandelt, denn Liebe wächst dort, wo sich Negatives auflöst. Sehen wir uns um in der Natur, und wir werden der Liebe überall begegnen. Betrachten wir die Schönheit einer Landschaft, einer Blume, eines Lebewesens aus der Tierwelt: Überall manifestiert sich Liebe in vollendeter Harmonie und Schönheit, so auch im Menschen, der sich für sie öffnet. Er ist dadurch in der machtvollen Kraft des Alleinen, die alles Persönliche übersteigt. Aus ihr transzendiert das ewig Lebendige der Seele und bringt ihr Sein zum Leuchten.

Schönheit und Liebe sind nicht an einen vollendeten Körper gebunden, sondern sie strahlen auch dort, wo das Körperliche in den Hintergrund tritt. Schönheit und Liebe sind z. B. die Manifestation einer vollkommenen Seele oder eines hohen Geistes. Die Natur und die menschliche Ausdrucksfähigkeit haben viele Möglichkeiten geschaffen, um Liebe lebendig werden zu lassen und in ihrer Schönheit zum Ausdruck zu bringen. Liebe ist das vollkommenste Werkzeug, mit dem der Mensch schöpferisch tätig werden kann. Aus ihr wird Freude, die Kreatives erschafft.

»Versuche also, in der Liebe zu sein, in der Liebe zu bleiben. Denn wenn du in der Liebe bist, bist du Gott nahe und das Glück ist mit dir! Es gibt nichts Schöneres, nichts Vollendeteres, nichts Vollkommeneres, nichts Glückseligmachenderes, als in der Liebe zu sein! Dein Sein ist das Strahlen der Liebe hinter deiner Person. Ergreife sie, und halte sie fest, mit all deinen Kräften, und du wirst das Leben in seiner Fülle leben. Es ist dein natürliches Anrecht. Verzichte an keinem Tag in deinem Leben auf das Glück der fließenden Liebe ...!

Lenke dein ganzes Bemühen, dein ganzes Streben in diesem Leben auf die Liebe. Nichts ist wichtiger, nichts ist bedeutender, als in der Liebe zu sein. Alle materiellen Schätze, die an ihrem Platz ihre Bedeutung haben, treten zurück vor der Kraft der Liebe, vor der Kraft des lebendigen Seins, das sich in der Liebe entfaltet, durch sie lebt und in vollkommener Schönheit strahlt! Fokussiere dein Bemühen jeden Tag auf die Liebe, um sie zu spüren und sie in dein Leben zu bringen. Ist Liebe in deinem Leben, dann fehlt dir nichts, denn du bist makellos. Alles, was du auf der materiellen Ebene brauchst, wird dir zufließen, wenn du in der Liebe bleibst.

Konzentriere dein Bemühen auf die *Eine Quelle*, und bitte darum, dass dir die Liebe fließt, dass dir die Liebe immer Begleiter sein möge. Spüre die Liebe, und lasse sie fließen. Spüre, wie sie aus deinem Herzen strömt und deinem Leben Fülle gibt. Alles Bemühen, in der Liebe zu sein, Liebe fließen zu lassen, wird dein Leben reicher machen. Es wird dir Zufriedenheit im Herzen und Glückseligkeit in deiner Beziehung und in deinem Umfeld bringen. Wer in der Liebe ist, ist attraktiv und zieht alles an, was er braucht. Liebe wird damit auch das Füllhorn des Lebens über dich ausgießen. Suche die Liebe in deinem Herzen, und bleibe in ihr für immer. Dein Leben wird sich damit in Wohlsein und Liebe vollenden und dir Unsterblichkeit geben. Denn Liebe ist die unsterbliche Kraft Gottes aus dem einen Sein.

Wer in der Liebe ist, ist im Leben, im Sein, und er lebt aus dem ›Ich bin‹! Denn Gott ist Liebe, und wer in der Liebe ist, ist in Gott und Gott in ihm!« (Worte aus dem *Höchsten Selbst*)

Affirmation:

»Ich öffne mich für die Liebe und lasse sie fließen, damit mir Glück, Freude und Schönheit zuteilwerden ...! Ich erfreue mich an ihrer Resonanz und wie sie in meinem Leben Wunder bewirkt.«

▲

10

[Freude]

Freude ist Licht und bringt den Menschen zum Strahlen. Sie ist der natürliche Zustand des Menschen, so er im Zentrum seines Herzens verankert ist und in Frieden lebt. Freude generiert sich aus dem innersten Sein, aus dem einen Selbst, und in Freude zu leben heißt, sich dieser Verankerung bewusst zu sein. Es ist ein Erleben, das losgelöst ist vom Ego und dem verstandesmäßigen Reagieren. Es geschieht in kontemplativer Stille. Das Fühlen geschieht im Zentrum des Herzens, dort, wo sich das eigentliche Leben manifestiert.

Freude mag von verschiedenen Menschen unterschiedlich erfahren werden, doch sie ist stets ein Gefühl tiefen Eingebundenseins in die eigene Mitte. Schiller drückte es in seiner weltberühmten Ode an die Freude so aus: «Freude, schöner Götterfunken ...«. Dies trifft den Kern dessen, was Freude ist. Es ist eine direkte Seinserfahrung in der Verbindung mit der *Einen Quelle*, mit Gott.

Freude ist ein göttlicher Funke, der das Herz entzündet und den Menschen mitten hinein in ein neues Sein versetzt, sie aktiviert seine Kreativität, um seine Potenziale zur Entfaltung zu bringen. Freude ist das herzliche Lachen aus der Tiefe der Seele, das die Person und ihr Ego verblassen lässt.

Freude ist auch die Erfahrung von Schönheit, und Freude hat ihr direktes Sein dort, wo der Mensch im Hier und Jetzt lebendig ist, womit ein Lebendigsein im Sinne von wahrem »Selbstbewusst-Sein« gemeint ist: eine freudevolle Zentriertheit in der eigenen Mitte.

Freude in dieser Weise zu erfahren, ist unabhängig von äußeren Lebenssituationen. Freude ist in diesem Sinne die direkte Erfahrung der eigenen Lebendigkeit, des eigenen Seins. Es ist die Erfahrung dessen, was hinter der Person steht, nämlich das eine Selbst, ausgedrückt in der Seelenindividualität, die der Einzelne ist und lebt.

Freude strömt auch in der Persönlichkeit, im Außen, ist aber unabhängig davon und kann sich in allen Lebensumständen entfalten. Es ist die Urfreude, die Freude zu leben. Genauso ist es die Freude, in Faszination auf dem Weg zu sein in einem Umfeld, das sich aus dieser inneren freudvollen Anbindung generieren darf.

Es ist eine absichtslose Freude, die nichts hinterfragt und die nichts erwartet. Diese Freude erhebt sich aus dem göttlichen Zentrum, dem göttlichen Funken im eigenen Herzen, und sie spiegelt sich in der Schönheit des eigenen Lebenskerns. Freude und Schönheit sind auf einer Achse angesiedelt. Ihre Ausstrahlung leuchtet aus dem lebendigen innersten Sein.

Freude dieser Art ist die Freude des Herzens, die nach außen strahlt. Sie ist die strahlende Sonne der Seelenpersönlichkeit in ihrem vollkommenen Sein. Wie immer die äußeren Lebensumstände momentan sein mögen, das Strahlen der Freude wird jene Menschen und Situationen anziehen, die damit in freudvoller Resonanz sind.

Freude hat insofern einen Multiplikationseffekt, denn das absichtslose Strahlen der Freude gebiert neue Freude, wo immer sie auf Resonanz trifft. Beachten Sie die Resonanz Ihres Lächelns im Antlitz Ihres Nächsten, und erfreuen Sie sich daran. Es ist wie ein Licht, das andere Lichter ansteckt und zum Leuchten bringt.

Das schöpferische Potenzial eines Menschen entfaltet sich in der Freude. Das innere Strahlen der Freude ist sozusagen das Fundament allen Erschaffens. Es ist ein göttliches Fundament, das in seiner Affinität zu geistigen Welten Neues und Kreatives ins Leben bringt. Die berühmten Werke großer Meister wurden in Freude geboren und sind durch ihr Strahlen in Schönheit unsterblich geworden.

In gleicher Weise kann auch das Alltägliche aus der Freude geboren werden und damit die Fülle des Lebendigen anziehen. Freude bedingt schöpferisches Tun und schafft ein Fundament der Zufriedenheit. Freude generiert Frieden im Herzen. Wer aus Freude und mit friedvollem Herzen tätig ist, wird seinem Schöpfungs- und Lebensauftrag gerecht. Ein solcher Mensch ist mit den geistigen Welten in Resonanz, aus denen ihm Kreatives und Schöpferisches zufließt.

Eine freudvolle Tätigkeit generiert positive Resultate. Ob dies der Mensch in seinem persönlichen Umfeld, mit seinem Partner, mit seiner Familie oder im Beruf erfährt, aus Freude erwächst ihm immer Zufriedenheit und Genugtuung. Freude ist der Quell, aus dem sich Glück und Zufriedenheit entfalten. Freude ist die Grundlage zum Glücklichsein und ein sicheres Fundament, das sich der Mensch aus der Anbindung an seinen eigenen inneren, göttlichen Funken selbst erschaffen kann.

Freude ist ein Attribut der alles durchdringenden, universalen, göttlichen Liebe.

Freude, Schönheit und Liebe gehören zusammen, und wo Liebe selbstlos strömen kann, ist Freude immer ein Teil davon. Ohne Liebe keine Freude, und ohne Freude keine Liebe. Schönheit wiederum entfaltet sich nur da, wo Liebe und Freude lebendig sind.

Liebevolle Hinwendung geschieht in Freude, egal in welche Richtung sie sich wendet. Liebe und Freude, Freude und Liebe sind ein untrennbares Zwillingspaar, in dem sich die Substanz des Lebendigen zeigt. Wo Lebensfreude herrscht, wird Anpassung und Veränderung zu einem lebensbejahenden Prozess, in dem sich die Reife selbstbewusster Wahrnehmung zeigt. Alles Lebendige verändert sich und ist in ständiger Transformation. Wer »Ja« sagt in diesem Prozess der Selbstanbindung an seine innerste Quelle, wird ihn in Freude, Liebe und Schönheit erfahren, und alles wird sich im Guten und im Positiven entwickeln, da die *Eine Quelle* selbst die Führung übernommen hat.

In Freude und Liebe auf seinem Weg zu sein bedeutet, Erfüllung im Leben zu finden – und zwar dort, wo sich das Leben zeigt, nämlich im Jetzt.

Freude und Liebe zu fühlen und zu erfahren, das ist nur im Jetzt möglich. Freude und Liebe generieren

»Selbst-Vertrauen«, das Vertrauen in das eigene Sein, in das eigene Leben als eine gottgewollte Manifestation des ewigen Seins. »Ich vertraue meinem Leben, ich vertraue meinem Sein«, das heißt: »Ich vertraue auf Gott und Seine glückliche Führung meiner Lebensumstände!«

Die Vergangenheit ist Geschichte, und die Zukunft hat noch nicht begonnen. Freude und Liebe sind also die Begleitumstände eines Menschen, der wahres »Selbst-Bewusstsein« in seiner Gegenwärtigkeit erfährt, d. h. er ist sich seiner selbst in diesem Moment voller Freude bewusst, und er kann sagen: »Ich bin« mein Selbst. Dies schließt seine Lebensumstände mit ein. Sich seiner selbst bewusst zu sein meint, weder in der Vergangenheit noch in der Zukunft gedanklich verhaftet zu sein, sondern in diesem Augenblick, der die Gegenwart ausmacht; man ist in sich selbst in Freude, Liebe und Schönheit zentriert. Freude zu erfahren und zu spüren heißt also, gegenwärtig zu sein.

Freude generiert sich aus der universalen, göttlichen und bewussten Liebeskraft, die alles erschafft. Sie ist die Kraft des Seins an sich, das hinter allem Lebendigen steht. In der Freude zu sein heißt, mit dem Göttlichen, mit der *Einen Quelle* verbunden zu sein. Aus dieser Anbindung heraus ist alles möglich, und von dort aus kann alles ins Leben treten, was der Mensch zu erschaffen bereit ist. Leben wir also in Freude, und Liebe und Schönheit werden uns als Geschenk mit auf den Weg gegeben werden.

Affirmation:

»Ich entscheide mich jeden Tag,
jede Stunde dazu, in Freude zu leben!
Ich lasse meine Liebe mit Freude
fließen, damit sie mich für mein Umfeld
lebendig und attraktiv macht!«

▲

11

[Schönheit]

Schönheit ist definiert als »Vollendung im Ausdruck«.
Wir sprechen von Schönheit, wenn Liebe in Freude
strahlt. Schönheit ist lebendige und glückliche Liebe
sowie die Anbindung der Seele an Gott. Schönheit strahlt
in der Vollendung alles Lebendigen, alles Erschaffenen
und ist der Ausdruck des Göttlichen in seiner vollkommenen Manifestation. Das »ICH BIN« manifestiert sich
in Schönheit und Vollendung. Das Gute ist Schönheit
an sich, denn es wirft keinen Schatten.

Schönheit ist die ultimative Wahrheit, sie ist Leben,
Struktur und Beziehung in Vollendung. Schönheit ist die
Projektion der Seele in das Materielle sowie die fundamentale Motivation formgewordenen Lebens. Schönheit
ist der wahre Ausdruck der Wirklichkeit des Seins.

Schönheit ist, wenn Reinigung stattgefunden hat und
Harmonie Form geworden ist. Schönheit entsteht in der

Auflösung des Negativen, und sie ist das Ziel aller Evolution. Das Ebenbild des Göttlichen strahlt in freudevoller Schönheit, und wer in Liebe schöpferisch tätig ist, strahlt in Freude und Schönheit. Liebe zwischen zwei Menschen manifestiert Schönheit in Vollendung.

Der Mensch hat ein angeborenes Bedürfnis nach Schönheit und Harmonie, und Schönheit manifestiert sich in seiner Körperlichkeit, in seiner Seele sowie auch in der Entfaltung seines seelischen und geistigen Potenzials. Schönheit ist nicht an Alter gebunden, sondern Schönheit strahlt auch in der Reife eines älteren Menschen, dessen Seele sich in Vollendung entfaltet hat.

Schönheit ist ein Ausdruck von Harmonie und Glückseligkeit. Schönheit in den Dingen reflektiert die dahinterstehende schöpferische Perfektion, und Schönheit in der Harmonie musikalischen Ausdrucks berührt das innerste seelische Empfinden des Menschen. Schönheit im Geistigen findet sich im sprachlichen und künstlerischen Ausdruck sowie in allem Kreativen oder Schöpferischen. Schönheit zeigt sich in dem, was die Natur, die Erde hervorbringt, und sie wohnt in den verschiedenen Erscheinungsformen der Natur, denn sie spiegelt die Vollkommenheit göttlicher Schöpfung wider. Schönheit ist die Antwort des lebendigen Seins an sich selbst.

Im kabbalistischen Lebensbaum steht Schönheit im Zentrum und für das Christusbewusstsein, das in Schönheit strahlt. Ist eine Seele in Liebe verankert, dann spiegelt sie die Schönheit des Christusbewusstseins wider. Sie bemüht sich, ihr Potenzial in Vollendung zum Ausdruck zu bringen. Leben wir Schönheit in Freude, und die lebendige Fülle des Seins ist mit uns!

Affirmation:

*»Ich halte mein Herz offen, spüre meine
Schönheit und lasse meine Liebe fließen ...
Positives entsteht dadurch in meinem
Leben, denn ich bin nun auf dem Weg zum
größeren Licht, zum Christusbewusstsein.
Ich bin auf dem Weg in ein neues
und friedvolles Sein.«*

▲

12

[Sexualität]

Die Attraktion ist das energetische Fundament des Kosmos, wobei die Anziehung das Zusammenfinden sowie das Einssein bewirkt. Die Sexualität hat ihre Wurzeln in diesem Prinzip und der Kraft, aus der sie ist: Liebe als der universalen, bewussten, unpersönlichen Kraft des Alleinen, aus der alles wird und die sich in der Begegnung zweier Menschen manifestiert, die sich voneinander angezogen fühlen – auch um Fortpflanzung und Evolution sicherzustellen.

Liebe als Fundament der Sexualität führt zu einem vollendeten Austausch erotischer und lustvoller Energie. Sie ist eine Möglichkeit, bei der in der ekstatischen Vereinigung auch höchste Glückseligkeit erreicht werden kann, sofern die Partner sich mit Hingabe füreinander öffnen. Insofern ist Sex nicht nur eine Möglichkeit, die Fortpflanzung zu garantieren, sondern beinhaltet auch die Chance zu tief greifender Transformation. Dies geschieht über die vollkommene Öffnung des Herzens und das Erfühlen des Partners in einem zeitlosen Raum, der sich erwartungsfrei entfaltet. Dann beginnt eine Energie zu fließen, die zu Einheit und Verschmelzung führen kann.

Sex auf rein körperlicher Ebene ist reine Erotik, eine Manifestation der Lust. Sie ist der Motor der Fortpflanzung und mag zu befriedigendem Lustempfinden führen. Doch diese Lust ist meist nur eine Form der Selbstliebe. Eine gewisse seelische Verankerung der Partner ineinander ist auch hier die Folge, doch sie mag in der Konsequenz nicht immer vorteilhaft sein, beispielsweise dann, wenn eine solche Verbindung keine Zukunft hat oder zu Situationen der Abhängigkeit führt.

Empfinden zwei Menschen Liebe füreinander und besteht neben ihrer körperlichen Anziehung auch eine seelische Verbindung, dann wird eine hochschwingende Vereinigung in der Ekstase erfahrbar, wie dies z. B. in tantrischen Begegnungen der Fall ist. Eine solche Seelenpartnerschaft verstärkt den Energiefluss auf nicht physischen Ebenen und ist eine gute Basis für eine dauerhafte, erfüllende sowie liebevolle Beziehung.

Wenn zusätzlich auf körperlicher, seelischer und geistiger Ebene Verbundenheit erreicht wird, kann Sexualität auch zu vollkommenem Einssein und zu vollkommener Vereinigung führen - bis hin zur Erreichung höchster Schwingungsfrequenzen in der Erfahrung der Vereinigung im *Höchsten Selbst*. Dieses Verschmelzen mit dem *Höchsten Selbst*, mit der *Einen Quelle*, führt zu wahrer Glückseligkeit. Gelebte liebevolle Attraktion ist somit in der Sexualität der Ansatz zu universaler, persönlicher Liebeskraft, welche die Dualität zweier Menschen transzendiert und zur Plattform für die Einheit mit dem göttlichen Einen werden kann.

Sexualität ist eine Kraft, die zu allen Zeiten in ihren unterschiedlichen Ausdrucksformen gelebt wurde. Ob Sexualität nun in einer heterosexuellen, homosexuellen oder autosexuellen Weise zum Ausdruck kommt, ist unerheblich; ausschlaggebend ist immer nur, ob es sich um eine starke transformierende Kraft handelt. Wie diese Kraft erhalten und kanalisiert werden kann, ist in den Techniken des Tantra, in Überlieferungen aus Indien und China, aber auch in Aufzeichnungen zur westlichen Metaphysik nachzulesen.

Wesentlich ist: Sexkraft ist Liebeskraft; wird sie in positiver Weise kanalisiert, wirkt sie verjüngend und bewahrt den Frieden im Herzen. Sie stärkt die eigene Ausstrahlung und steigert die Attraktion, um letztlich das zu erreichen, was ihre ureigene Zielsetzung ist: einen passenden Partner anzuziehen, mit dem sich Liebe auch in einer erfüllenden Sexualität manifestieren darf.

Sexualität kann vor diesem Hintergrund auch als ein Weg des Friedens und des Ausgleiches gelebt werden, wenn die Kraft aus den Chakren der Sexualität mittels tantrischer Techniken in das Herzchakra gelenkt wird. Dann spürt der Mensch die Fülle der einen göttlichen Energie, wie sie sich in hohen Schwingungen der Liebeskraft manifestiert und in Freude und Schönheit in ihm zum Ausdruck kommt: Verstehen und Mitgefühl, Toleranz und Hingabe sowie Heilung auf vielen Ebenen sind die Folge!

Affirmation:

»In Stille spüre ich die Kraft meiner Sexualität und lasse sie in mein Herz aufsteigen. Ich nähre und heile mein Wesen und lasse meine Liebe fließen ...!«

▲

13

[Beziehungsgeflechte zwischen Menschen]

Lebendiges braucht Lebendiges. Leben generiert Leben. Ein Mensch, der in diese Welt eintritt, braucht für sein Wachstum den Kontakt zu anderen Menschen. Wird einem Menschen der Kontakt zu anderen entzogen, dann kann er sich nicht entfalten. Daher ist die Beziehung von Mensch zu Mensch von besonderer Bedeutung für sein Wachstum und seine Reife. In ihr kann er jene Resonanz finden, die er braucht, um sich seiner selbst bewusst zu werden, sich im anderen, im Du zu spiegeln und sich in seinen Verhaltens- und Reaktionsmustern zu erfahren. Das menschliche Miteinander hat daher einen fundamentalen Einfluss auf Wachstum und Reife.

In einer partnerschaftlichen Beziehung kommt dies in besonderer Weise zum Ausdruck. Alle Charakteristika einer Person sind angesprochen, und es gibt nichts im Menschen, was nicht in Resonanz zum Du kommt, ob dies nun bewusst wird oder nicht. Die Intimität, die sich daraus entwickelt, ist eine besondere – auch deswegen, weil hier Liebe und Zärtlichkeit sehr gut miteinander wachsen können. Liebe fließt hin und her und befruchtet sowie ergänzt den Wesenskern der Persönlichkeit. Nichts bleibt unberührt, alles ist angesprochen.

Der Austausch auf einer zwischenmenschlichen Ebene kann zu einer Synchronizität führen, die die Potenziale zweier Menschen bei weitem übersteigt. Wer also in einer liebevollen, harmonischen und freundschaftlichen Partnerschaft lebt, darf sich beglückwünschen. Wenn beide Menschen ihr Herz öffnen und Liebe stetig fließen lassen, wird die Harmonie stabilisiert und Glückseligkeit findet ihren Platz. Es gibt nichts Schöneres, nichts Erhabeneres als eine solche Beziehung. Sie ist der Inbegriff glücklichen Seins auf dieser Erde und versetzt die Partner in die Lage, ihre Beziehung auf eine höhere Ebene des Miteinanders zu heben, auf eine Ebene, auf der die Egozentrismen des Einzelnen transzendiert werden.

Der Wert einer solchen Partnerschaft ist offensichtlich und verstärkt den Willen, diese auf Dauer zu erhalten. Um dies zu erreichen, sind sowohl gegenseitiger Respekt als auch Toleranz für die Eigenarten des anderen vonnöten. Nur auf diesem Fundament kann sich eine dauerhafte Partnerschaft entfalten. Menschen, die in einer solchen Beziehung leben, können ihre individuellen Potenziale gut entwickeln, wenn sie das Wechselspiel von Distanz und Nähe beherrschen. Veränderung und Wachstum sind nur dort möglich, wo all dies erkannt wird.

Zu Beginn einer Paarbeziehung dominiert die gegenseitige Anziehung, die Liebe als Attraktion auf der physischen Ebene. Liebe manifestiert sich jedoch nicht nur im körperlichen und seelischen Bereich, sondern auch auf geistigen Ebenen. Daraus resultiert gelegentlich ein symbiotisches Einssein, in dem sich beide Partner ganz auf den anderen ausrichten. Auch dies ist für eine liebevolle und harmonische Beziehung notwendig, hier wird Nähe und Zärtlichkeit am intensivsten erfahren.

Doch, wie bereits erwähnt, ist mit der Zeit auch eine gewisse Distanz erforderlich, aus der heraus die Eigenarten des anderen ins Bewusstsein treten können, um akzeptiert zu werden. Denn dies ist das Wesentliche einer stabilen Liebesbeziehung: die volle Akzeptanz des Du, die volle Akzeptanz auch der als weniger angenehm empfundenen Eigenschaften des Partners. Nur eine umfassende Akzeptanz des anderen und seiner Art zu sein bringt jene Persönlichkeitsanteile an die Oberfläche, die zu verändern sind, und ermöglicht somit ein gemeinsames Wachstum und eine dauerhafte harmonische sowie liebevolle Beziehung. Dies schließt eine gegenseitige verständnisvolle Anpassung an Gegebenheiten und Veränderungen auf einem gemeinsamen Lebensweg mit ein.

Auf dem Fundament einer solchen Akzeptanz können beide wachsen und sich entfalten. Es ist wesentlich, sich dies bewusst zu machen, denn zwei Menschen, die sich in ihrer Jugend oder in einer bestimmten Phase ihres Lebens begegnen, sind nun einmal auf dem Weg zu weiterem Wachstum und zu weiterer Reife. Veränderung, Transformation und persönliche Entfaltung sind deswegen Teil eines gemeinsamen Lebensweges, und um dieses Wachstum zu ermöglichen, bedarf es der Akzeptanz des anderen. Deswegen kommt es darauf an, sich gegenseitig Raum zu geben, um sich zu entfalten. So kann sich eine erwachsene und reife, auch eine spirituelle Partnerschaft entfalten, in der beide glücklich zusammenfinden. Auf diesem Fundament gedeiht jene Liebe, die er/sie braucht, um das Leben in Fülle zu erfahren.

Es gibt nichts Schöneres auf dieser Welt, als in einer solchen Partnerschaft zu leben, sein Herz ganz dafür offen zu halten und die Liebe fließen zu lassen. Je mehr sie fließt, desto mehr kommt sie zurück. Je mehr man gibt, desto mehr empfängt man. Dies sind die Wege, die letztlich zum Einssein zwischen Partnern führen und/oder auch zum Einssein mit dem *Höchsten Selbst*, welches beide durch ihre Liebe gemeinsam erfahren können. Tantrische Wege auf der physischen, seelischen und geistigen Ebene haben dies zum Ziel, doch es bedarf im Prinzip keiner besonderen Erfahrung. Notwendig ist allerdings die Herzensöffnung, damit Liebe auf der Grundlage gegenseitigen Vertrauens und Respektes fließen kann.

Aus der makellosen Einheit von Nähe und Zärtlichkeit ergibt sich auch der Raum und die Distanz, die notwendig sind, um in dieser Einheit, in der Schönheit einer solchen Verbindung verbleiben zu können. Es geht also um ein Hin und Her, um Einssein und Loslassen, um Nähe und Distanz, um die Balance in einer Beziehung, die so zentriert bleibt. Der wichtigste Parameter ist immer: »Lasse deine Liebe fließen, höre auf dein Herz, halte dein Herz offen, respektiere den anderen so, wie er/sie ist, und gib dich hin!«

Wenn aufgrund besonderer Ereignisse oder spezieller Wachstumsphasen eine Partnerschaft doch vor Probleme gestellt wird, dann bedarf es der Reflexion, des Innehaltens. Es ist dies auch eine Zeit, sich seiner innersten Motive bewusster zu werden. Es gibt immer einen Grund, warum die Dinge so sind, wie sie sind. Es lohnt sich also, zunächst bei sich selbst zu beginnen, um wahrzunehmen, was sich in einem selbst gerade jetzt bewegt und was einen beeinflusst ... Was lässt uns jetzt in dieser oder jener Art reagieren, was lässt uns jetzt in einer bestimmten Weise fühlen und denken?

Wenn ich mir meiner eigenen innersten Motive bewusst werde, wenn ich meine eigenen innersten und geheimsten Gefühle und Wünsche erkenne, dann tritt ins Bewusstsein, was ich eventuell zu bedenken oder auch zu berichtigen habe. Die gleiche Chance, den gleichen Raum sollte ich auch meinem Partner einräumen. Hier wird eine Partnerschaft manchmal auch des notwendigen Abstandes bedürfen. Raum und Distanz können dann Wege zu neuer Annäherung und Vertiefung in einer bestehenden Beziehung sein. Man darf sie also ohne Ängste zulassen.

Ein weiterer wichtiger Punkt zur Stabilisierung einer dauerhaften Partnerschaft ist die Art, wie man mit gegensätzlichen Meinungen und Konfliktsituationen umgeht. In einem Konflikt ist es wesentlich, offen und ehrlich die eigenen Motive, Gefühle und Beweggründe zunächst bei sich selbst zu betrachten. Es ist völlig unwichtig, wer in einem Konflikt Recht hat oder wessen

Argumente besser sind. Der Versuch, die eigenen Argumente durchzuboxen, wird das zwischenmenschliche Energiesystem nur weiter aus der Balance bringen und dem Ego Vorschub leisten.

Wichtig ist zu lernen, sich zurückzunehmen und Kränkungen und Verletzungen nicht nur bei sich selbst, sondern vor allem beim anderen zu erkennen. Konflikte sind in einer Partnerschaft immer wieder möglich, weil das Beziehungsgeflecht zwischen zwei Menschen auch den Wettbewerb zweier Persönlichkeiten miteinschließt und damit deren Egos und deren Machtspiele. Konflikte spiegeln darüber hinaus auch immer genau das im Du, was in einem selbst zu verändern ist.

Probleme werden daher so lange auftreten, bis sich beide dessen bewusst geworden sind. Wenn dies erreicht ist, dann werden Konflikte dieser Art der Vergangenheit angehören, weil sie keinen Sinn mehr machen, denn es gibt keine Machtspiele mehr. Um einen Konflikt definitiv und dauerhaft auszuräumen, ist eine offene und sachliche Kommunikation wichtig, in der das eigene Fühlen und Befinden zum Ausdruck kommt.

Wesentlich ist aber auch das Verstehen und Verzeihen dessen, was Kränkung oder Verletzung beim anderen und bei uns selbst verursacht hat. Das Verstehen ergibt sich aus der Kommunikation über die verschiedenen Ebenen zwischenmenschlicher Verbundenheit, wozu bei Partnern auch unbewusste Wege zählen können; somit können auch Gefühle und Gedanken einander bewusst gemacht werden.

Wird uns bewusst, was den Partner gekränkt oder verletzt hat, ist das eigene Fehlverhalten leichter erkennbar, und das Verzeihen wird uns leichter fallen. Das Verzeihen und Bedauern in Bezug auf eine Situation beginnt zunächst immer bei uns selbst, um es dann dem Du gegenüber auszusprechen und wirksam werden zu lassen. Das aufrichtige Bereuen eines Fehlers, einer Verletzung, einer Kränkung ist wichtig, um den zwischenmenschlichen Energiefluss wieder ins Gleichgewicht zu bringen.

Werden Konflikte nicht ausgeräumt, sondern einfach ins Unbewusste verdrängt nach dem Motto »Vergiss es!«, kann keine energetische zwischenmenschliche Balance erreicht werden. Früher oder später werden solche ungelösten Konflikte wieder an die Oberfläche kommen und die Beziehung erneut belasten. Dies gilt für jede Art von Partnerschaft. Klärung ist wesentlich, auch wenn damit

Kränkungen und Verletzungen noch einmal betrachtet werden müssen.

Wer sich und dem anderen nicht wirklich vergeben kann, hält an egozentrierten Meinungen und Mustern fest sowie an der Illusion, Recht gehabt zu haben. Rein subjektiv mag dies zutreffen, doch das Ego hat leider die Angewohnheit, immer Recht behalten zu wollen. Dazu sucht es sich eine verstandesmäßige Begründung für die eigene Position, die gefühlsmäßig meist nicht haltbar ist. Ego und Verstand sind somit oft sehr schlechte Ratgeber in Sachen Konfliktlösung.

Dies gründet sich offensichtlich auf eine Verteidigungsstrategie des Egos, die seinem Selbsterhalt, seinem Identitätserhalt dient. Es kommt also auch hier darauf an, das Ego und sein Werkzeug, den Verstand, ein wenig beiseitezuschieben oder zumindest unter Kontrolle zu halten und über eine Herzöffnung zu fühlen und zu kommunizieren, um wahrhaftiges Verzeihen und Vergeben zulassen zu können.

Das Kreisen der Gedanken um Geschehnisse in Vergangenheit und Zukunft wird damit angehalten, und der Sprung in die neutrale Gegenwart kann gelingen. Die Gegenwart ist möglicherweise zwar durch die Vergangenheit belastet, doch räumen wir diese Belastung durch Klärung und Vergebung aus, wird Neues und Kreatives im Jetzt möglich. So können Verletzungen und Kränkungen auf beiden Seiten heilen, und die verbindende Liebesenergie kommt wieder in Balance ...

Wer Vergebung wirklich umsetzt, spürt, wie aus seiner Herzensöffnung Liebe erneut mit Macht in Fluss kommt und wie alle eigenen und fremden Fehler der Vergangenheit darin aufgelöst werden. Gebundene Energien werden wieder frei und können Neues sowie Liebevolles in die Beziehung und ins Leben bringen.

Nichts in der Vergangenheit ist wirklich von Bedeutung, wenn zwischen zwei Menschen eine liebevolle Annäherung wirklich gewünscht wird, und jede Anstrengung dazu lohnt sich.

Sie wird erleichtert, wenn man sich bewusst macht, dass man nicht nur selbst Fehler machen kann, sondern dass auch der Partner oder das Umfeld Fehler machen können und Missverständnisse jederzeit möglich sind. Die Hauptquelle vieler schmerzhafter Missverständnisse und daraus resultierender Konflikte ist eine fehlerhafte oder unvollständige Kommunikation, denn sich selber in seinem So-Sein zu verstehen, ist schon schwierig, doch den anderen in seinen Motiven zu erkennen und zu verstehen, das ist noch ungleich schwieriger.

Lernprozesse schließen das Bewusstwerden von fehlerhaften Reaktions- und Verhaltensmechanismen, die wir alle aus der Vergangenheit mitbringen, ein. Im Prozess zunehmender Bewusstwerdung erkennen wir dies und reagieren statt mit Ablehnung mit Verstehen und liebevoller Hinwendung, da wir den anderen und die Situation so akzeptieren, wie er/sie ist.

Dies ist ein erfolgreicher und guter Weg für ein inniges Miteinander, das von Dauer ist. Nichts lohnt sich mehr, als Herzensqualitäten wie liebendes und verstehendes Mitfühlen vor den Angriffen des Verstandes und des ihn steuernden Egos zu bewahren. Liebe generiert Herzensgüte, und das gibt dem Leben seine Qualität.

Was auf der Ebene zwischenmenschlicher Beziehungen bei Partnern gilt, ist im übertragenen Sinne auch in der Familie wirksam. Dem Umgang mit Kindern sollte man besondere Mühe und Aufmerksamkeit schenken, weil die Kommunikations- und Wahrnehmungsebenen unterschiedlich sind. Auch auf der Beziehungsebene mit Menschen im Außen, wie z. B. im Beruf, gilt das Prinzip des gegenseitigen Respekts und der Akzeptanz, wo immer dies möglich ist.

Begegnen wir im Außen der Aggression, dann mag es hilfreich sein, sich zurückzunehmen und Raum zu geben. Erst aus der Distanz heraus wird es uns möglich, auf Aggression in einer adäquaten Weise zu reagieren. Entsprechend den Prinzipien des asiatischen Kampfsports, empfiehlt es sich ab und an, Aggressionen ins Leere laufen zu lassen und nach Möglichkeit nicht sofort zu reagieren. Wo man einer Aggression nicht ausweichen kann, sollten die Mittel der Reaktion angemessen sein, um eine dauerhafte Konfliktsituation zu vermeiden.

Distanz ist meist ein wirkungsvoller Weg der Konfliktvermeidung. Dies heißt jedoch nicht, sich aus dem Staub zu machen oder davonzulaufen, sondern es geht vielmehr darum, Konflikte zu minimieren oder möglichst gar nicht erst entstehen zu lassen. Ein guter Weg ist immer die Kommunikation von Gefühlen und Empfindungen – nicht um Recht zu bekommen, sondern um Verstehen zu bewirken.

Wer sich und den anderen zum Verstehen bringt, indem er kommuniziert, der löst Konflikte leichter. Auch hier spielt die Vergebung eigener und fremder Fehler eine ausschlaggebende Rolle, und sich im Konfliktfall beim anderen für eigene Fehler zu entschuldigen, ist immer die bessere Lösung und hält das gemeinsame Energiesystem in Balance. Eine Entschuldigung in der richtigen Weise formuliert, kann das eigene Gesicht oder die eigene Position wahren und gleichzeitig neue Kommunikationsebenen eröffnen.

Kommunikation sollte, wie gesagt, keineswegs der Versuch sein, Recht zu behalten, sondern sie sollte, das Verstehen zwischen den Beteiligten fördern. Wenn es nötig ist, sollte man sich auch nicht scheuen, um Vergebung für die eigenen Fehler zu bitten.

Es ist immer wieder ein Anlass zur Freude, die Wirkung des Verzeihens an sich und anderen festzustellen. Aggressive Energien werden aufgelöst, neue Kommunikationsebenen öffnen sich und zwischenmenschliche Spannungsfelder werden abgebaut.

Falls Sie in eine Situation kommen, in der aus einer aggressiven Grundhaltung heraus und aufgrund einer fehlerhaften Einschätzung der Lage der Konflikt regelrecht gesucht wird, dann empfiehlt sich der Rückzug. Er ist meist der beste Schutz gegen Energieverlust.

Konflikte entstehen aus vielen Ursachen, doch nahezu allen ist ein Mangel an Verständnis eigen: Man kann die

Position oder die Motive des anderen nicht verstehen; das Grundproblem ist demnach schlicht eine mangelhafte Kommunikation. Auf einer persönlichen, zwischenmenschlichen Ebene herrscht oft ein Mangel an liebevollem oder respektvollem Umgang. Hier ist der beste Weg, um Probleme zu vermeiden, offensichtlich jener, den Jesus, der Christus, empfohlen hat: » Liebe deinen Nächsten wie dich selbst!«, was ja nichts anderes heißt als: »Lasse deine Liebe fließen ...!«

Wie viel Leid und Schmerz wurden durch das immer noch weit verbreitete alttestamentarische Prinzip der Rache und der Vergeltung in die Welt gebracht. Wie viele entsetzliche Kriege wurden zwischen Partnern und Völkern deswegen geführt, um Rache, Vergeltung und Machtansprüche durchzusetzen. Dieses archaische Negativum sollte in der christlichen, in der modernen Weltanschauung keinen Platz mehr haben.

Leben wird dort am intensivsten erfahren, wo sich Menschen begegnen. Wer eine Begegnung liebevoll und mit Respekt angeht, fügt seinem eigenen Leben einen wertvollen Schatz hinzu. Die Mühe und die Anstrengung, die nötig sind, um die eigene Herzensqualität und mitfühlendes Verstehen zu kultivieren, lohnen sich daher.

Natürlich muss Mitgefühl stets mit Disziplin und manchmal auch mit Strenge ausbalanciert werden, um nicht zu einseitig, um nicht zu weich oder zu hart zu reagieren. Der Schlüssel dazu ist der Respekt sich selbst und dem anderen gegenüber. Balance ergibt sich aus dem Gleichgewicht der Energieströme zwischen den Menschen.

Liebe als unpersönliche Energie verschwenderisch strömen zu lassen, das ist ein altes mystisches Geheimnis aus Ost und West, das immer Resonanz finden wird. Liebe fließt aus der Freude im Herzen, die ihre Verankerung im wahren Sein hat, und Liebe auf der persönlichen Ebene in Fluss zu halten, beschert den Menschen das Wertvollste in dieser Welt: Frieden, Harmonie und Glück in persönlichen Beziehungen.

Affirmation:

»Ich lasse meine Liebe fließen und erfreue mich an der harmonischen und liebevollen Resonanz in all meinen Beziehungen ...!«

▲

14

[Die Welt als geistiges Potenzial]

Diese Welt wurde in einem schöpferischen Prozess geboren, wie alles in diesem Universum. Nichts entsteht
aus Zufall, sondern alles geschieht nach einem göttlichen
Plan, nach einer vorgegebenen Ordnung. Wo sich etwas
auf einer materiellen Ebene manifestiert, steht Energie
dahinter, die aus nicht materiellen Regionen fließt. Es
handelt sich um bewusste, kosmische Energieströme, die
sich als Licht manifestieren.

In dieser Energie ist alles enthalten, um Evolution bewirken zu können. Es ist ein schöpferischer Akt, der nach
vorgegebenen materiellen und immateriellen Gesetzmäßigkeiten abläuft. Es ist der kosmische göttliche Plan, der
alles bewirkt.

Die Umsetzung dieses Planes, hinter dem der göttliche
Urwille zum Guten steht, entfaltet sich über lange Zeiträume, und unser menschliches Vorstellungsvermögen

kann sich nur schwer in diesen unermesslichen Zeiträumen zurechtfinden.

Wissenschaftliche Beobachtungen weisen mittlerweile auf eine andauernde Expansion des Universums hin, doch dahinter steht ein Potenzial, das der Mensch sich nicht vorzustellen vermag. Dieses Potenzial gründet auf bestimmten Rahmenbedingungen, wie beispielsweise den Gesetzmäßigkeiten der Physik und der Biologie, die einen kontinuierlichen Aufbau universaler Strukturen bewirken.

Neben dem sichtbaren, materiellen Geschehen der universalen Ausdehnung gibt es ein ebenso unermesslich großes geistiges Geschehen.

Hier entfaltet sich auf verschiedenen Ebenen ein Wachstumsprozess kosmischen Ausmaßes, den die Wissenschaft bisher nur vermuten kann. Unvorstellbar große geistige Energieströme sind am Werk, um auf unterschiedlichen Schwingungsebenen den evolutiven Wachstumsprozess unserer Welt und des Universums kontinuierlich in Bewegung zu halten und daran zu arbeiten. Dies geschieht auf der Ebene des Universums mit seiner unvorstellbaren Größenordnung, dem Makrokosmos, genauso wie im Mikrokosmos, den Bausteinen im Kleinen.

Die Wissenschaft entdeckte nun in jüngerer Zeit Teilbereiche mikrokosmischer Abläufe. Auf bestimmten Gebieten mikrokosmischer evolutiver Entwicklung wird sichtbar, dass hinter den Grundbausteinen der Natur Kräfte am Werk sind, deren Bestimmung noch nicht gelungen ist. Immer wieder wird festgestellt, dass sich Phänomene entwickeln oder in Bewegung setzen, für die es keine Erklärung gibt. Trotzdem geschieht Wachstum auf den unterschiedlichen Ebenen und unter Einflüssen, für die der Mensch noch keine Erklärung hat.

Daraus kann man folgern, dass es Kräfte gibt, die außerhalb des technisierten Wahrnehmungsvermögens der modernen Wissenschaft wirksam sind. Diese Kräfte sind in Bereichen aktiv, die sich hinter den kleinsten Bausteinen der Materie befinden. Es sind geistige Energien, die in bestimmten Gesetzmäßigkeiten ihre Dynamik entfalten. Diese Kräfte und ihren Einfluss, z. B. den auf das zwischenmenschliche Verhalten, mit einem Etikett zu versehen, war immer schwierig und ist es auch heute noch.

In den unterschiedlichen Religionen wurden diese Einflüsse auf das Wirken von geistigen Wesenheiten zurückgeführt. Aus der Sicht der mystischen Erfahrung kann man von geistigen Welten sprechen, aus denen alle Energie fließt, die sich auf der materiellen Ebene manifestiert. Es sind geistige Welten von großer Komplexität, die in unterschiedlichen Schwingungsebenen energetisch wirksam sind.

Nach den Erfahrungsberichten visionärer Mystik und meiner eigenen Wahrnehmung steht am Anfang das Numinose, aus dem das Nichts, das noch nicht Formgewordene, das noch nicht Erkennbare, sich zu grenzenlosem, strahlendem Licht verdichtet und manifestiert. Dieses uranfängliche »Nicht-Ding« ist eine Kraft, eine bewusste Energie, die sich noch nicht in der Form definiert hat, die aber trotzdem geballte, konzentrierte, bewusste, schöpferische Energie ist. Daraus manifestiert sich das grenzenlose Licht, aus dem sich auf geistigen Ebenen nicht materielle Urbausteine bilden. Aus diesen entstehen in der so genannten Astralwelt wiederum alle Formen und Gebilde, die sich in der irdischen Welt dann sichtbar manifestieren.

Aus allem, was menschliche Betrachtung und Wissenschaft bis in die heutige Zeit erkannt haben, lässt sich ableiten: Es gibt eine körperliche, eine seelische und eine geistige Existenz. Über die körperliche, materielle Existenz ist genug geschrieben und gesagt worden, und über die seelische Existenz haben die Religionen sich weitgehend ausgelassen. Zur geistigen Existenz ist anzumerken, dass es sich um die Welt der Ideen, der noch nicht Form gewordenen geistigen Potenziale und der dahinterstehenden energetischen Schwingungsebenen handelt. Es ist eine abstrakte Welt, noch ohne Form, die aber potenziell bereits alles enthält, was sich in einem schöpferischen Prozess verwirklichen kann und will.

Nehmen diese mit Bewusstsein ausgestatteten Energieströme auf ihrer noch nicht materiellen Ebene eine bestimmte geistige Form an, dann geschieht dies auf einer Stufe, die man mit Seele oder Psyche bezeichnen könnte. Es ist die Zwischenstufe eines schöpferischen Prozesses, der sich auf der Ebene der Materie noch nicht verfestigt hat. Aus diesem Bereich manifestiert sich dann letztlich das Stofflich-Materielle.

Es gibt also unterhalb des manifestierten grenzenlosen Lichtes aus der *Einen Quelle* Stufen evolutiver Entfaltung, in denen sich das geistige Potenzial verwirklicht. Dieses geistige Potenzial ist a priori mit allem ausgestattet, was in der Welt der Formen denkbar, vorstellbar und möglich ist. Darüber hinaus enthält es die Unendlichkeit des nicht vorstellbaren göttlichen Wissens, in dem alles enthalten ist, was je war, ist oder sein wird.

Dieses geistige Potenzial ist ein Aspekt des Göttlichen. Es ist das geistige und göttliche Potenzial in seiner unermesslichen, unbegrenzten, unendlichen und ewigen Dimension. Aus ihm wirkt eine schöpferische, bewusste Energie, die auf allen Ebenen alles kreiert und bewirkt, also auch im Menschen. Es ist die mit Bewusstsein ausgestattete universale Liebeskraft. Der Mensch wird auf der irdischen Ebene als ein Spiegelbild dieses göttlichen, geistigen, kosmischen Potenzials gesehen.

Diese These findet sich in den Religionen, aber auch in metaphysischen und mystischen Erfahrungsberichten. Die Wissenschaft verfügt nicht über die Instrumente, den Nachweis dieser These zu führen, da die Wahrnehmungsfelder außerhalb wissenschaftlicher Beobachtungsmöglichkeiten liegen. Es sind daher nur hypothetische Folgerungen möglich oder aber geistige Offenbarungen aus kontemplativer Vernunft, die zu direkter Erkenntnis führen.

Dazu gibt es viele Erfahrungsberichte großer geistiger Führer und Avatare in Ost und West, die ihre Visionen und inneren Offenbarungen zu Themen, die die naturwissenschaftliche Beobachtung der Welt übersteigen, dargelegt haben. Zusammenfassend kann man sagen, dass diese Berichte ausnahmslos die Existenz einer Kraft und

Macht, die das menschliche Vorstellungsvermögen übersteigt, belegen. Sie wird als das Göttliche, das Alleine oder als die *Eine Quelle* definiert, aus der alles fließt. Diese Kraft und Macht manifestiert sich als universale Liebeskraft. Sie ist die Energie hinter der Attraktion.

Gott ist hier kein personifiziertes Gottesbild, wie es in der figurativen Darstellung vieler Religionen auftaucht, in denen er als Vaterfigur dargestellt wird. Gott steht vielmehr symbolisch für die Energie eines nicht erklärbaren Phänomens, das Gott oder das Alleine genannt wird. Dieses Etikett ist allerdings von relativer Bedeutung, es ist ein Erklärungsmodell für etwas, was existiert und IST. In der Kabbala sowie auch in der Bibel bei Moses lesen wir dazu, es sei das »Ich bin«: die *Eine Quelle*, die Ursache für alles, was ist, war und je sein wird.

Aus dieser Quelle stammen auch jene geistigen Phänomene, die die kontinuierliche Entfaltung des evolutiven Wachstumsprozesses im Universum und damit auch auf unserer Erde bewirken. Der Mensch spiegelt in diesem Geschehen geistige Potenziale, die sich auf der Erde verwirklichen. Deswegen gibt es in der metaphysischen Betrachtung die Parabel: Wie oben, so unten! Wie unten, so oben!

Evolution entfaltet sich durch Anpassung, und ein Anpassungsprozess ist immer auch ein Prozess der Veränderung, der Transformation. Er entfaltet sich in unbewussten Bereichen oft unter Schmerzen und mit Widerständen. Die darin inhärente Bewegung bewirkt ein Loslassen und Auflösen. Energien werden freigesetzt, um in neuen Räumen Neues zu schaffen. Es handelt sich um einen kontinuierlichen, evolutiven Schöpfungsprozess, der sich auf allen Ebenen des lebendigen Seins zeigt.

Im Normalfall bewirkt die Manifestation geistiger Potenziale im Menschen unbewusste Veränderungen, sowohl im Materiellen als auch im Nichtmateriellen. Ein unbewusstes Geschehen wird schmerzlich sein, wo es auf Widerstand trifft, ist sich der Mensch aber der notwendigen Veränderungen bewusst geworden und stellt ihnen keinen Widerstand entgegen, so kann dies friedvoll geschehen. Auch hier gilt das Prinzip der Akzeptanz dessen, was ist. Durch die bewusste Nutzung und Lenkung universaler Liebeskraft werden solche Prozesse ganz wesentlich erleichtert.

Affirmation:

*»Ich öffne mein Herz und lasse
meine Liebe fließen ... Ich spüre,
wie ich Raum schaffe, damit
Veränderung in wohltuender Weise
in mein Leben treten kann.«*

15

[Reinigung]

Reinigung ist in vielfältiger Weise eine notwendige Vorbereitung auf etwas Neues. Sie erfolgt auf verschiedenen Ebenen: Im Irdischen mag man selbst für Sauberkeit sorgen, im Seelischen gibt es die Religionen und die Psychologen und im Geistigen werden uns Helfer zur Seite gestellt, die auflösen, was wir selbst nicht in der Lage sind zu bereinigen.

Um die Intensität des Lichts und seine Kraft ertragen zu können, ist Reinigung unerlässlich. Damit ist das Auflösen des alten, unbewussten, geistigen Ballastes sowie alter Reaktions- und Verhaltensmuster, falscher Überzeugungen und Vorurteile, vorgefasster Meinungen und traumatischer Erfahrungen gemeint – eben all der angesammelte, innere Ballast, der den Aufstieg in höhere Schwingungsebenen verhindert.

Vieles an traumatischen Verletzungen, Kränkungen, Ärger, Groll, Trauer, etc. sind verdrängt und im Unbewussten gespeichert. Was uns damit alles belastet, wissen wir nicht mehr, da es nicht mehr bewusst ist. Trotzdem ist es Teil unseres Bewusstseins, bindet Energie, beschwert unser Leben und mag so manche unerklärliche negative Stimmungslage immer wieder verursachen. Für den Lichtsucher muss dies gelöst werden, damit die frei werdende Energie in neue positive Kreisläufe fließen kann.

Es bieten sich vielerlei Methoden und Techniken an, diesen Müll, diese schweren inneren Lasten loszuwerden. Ideal sind sanfte energetische Lösungen, die diesen Ballast möglichst ungeöffnet und ungesehen auflösen und/oder abwerfen.

Hier setzt die Hilfe der geistigen Helfer und Wesenheiten an, die unser Leben unsichtbar begleiten. Wir alle haben solche Begleiter, die nur darauf warten, angesprochen zu werden. Sie haben im Unsichtbaren schon immer gewirkt und uns in mancher schwierigen Situation geholfen, doch jetzt geht es darum, diese Hilfe bewusst zu aktivieren und zu intensivieren, indem wir einen dauerhaften Kontakt, eine kontinuierliche Kommunikationsebene zu unseren Helfern aufbauen.

Dies ist über den Weg der Stille möglich sowie über die Öffnung zu unseren geistigen Sphären und Helfern. Ist der Kontakt einmal hergestellt und die Öffnung geschaffen, dann kann Reinigung erfolgen.

Diese Reinigung geschieht, ohne traumatische Erfahrungen wieder ins Bewusstsein treten zu lassen und damit aufs Neue zu aktivieren. Es handelt sich vielmehr um einen Prozess der Reinigung mit den Werkzeugen unserer geistigen Helfer. Ihre Arbeit geschieht im Licht und mit Licht und löst auf, was zu lösen ist. Sie transformiert den Müll, den es zu beseitigen gilt, in Energie, die wir anderswo brauchen und einsetzen können. Wie heißt es doch so schön in alten Schriften westlicher Mystik: »solve et coagula« – »löse und binde«.

Es bedarf dazu der Hinwendung und des festen Willens zur Kooperation mit den geistigen Welten und unseren Helfern. Sie begleiten uns liebevoll durch die Phasen der Reinigung auf den geistigen Ebenen. Dort erfahren wir, wie wo und was für uns ansteht sowie notwendig ist.*

Reinigung geschieht durch das Erfahren der universalen Liebeskraft und ihrer Resonanz in unserem Herzen.

---

* Vgl. K. F. Neu: *Samadhi – Begegnungen mit dem Göttlichen*, August-von-Goethe-Verlag.

Wo Liebe fließt, wird Freude und Schönheit in Reinheit geboren.

Affirmation:

»Ich lasse meine Liebe fließen ...
und bitte meinen inneren Meister, mein
Höchstes Selbst, mich vorzubereiten
und allen Ballast aufzulösen. Frei
werdende Energien stärken meine
Strahl- und Anziehungskraft.«

16

[Verzeihen und Vergeben]

Ein wichtiger Aspekt persönlicher Reinigung und Transformation ist das Verzeihen und Vergeben. Viel ist zu diesem Thema gesagt und geschrieben worden. In vielen Glaubenssystemen ist es ein wichtiges Werkzeug, und Jesus, der Christus, hat es zur Grundlage seiner Lehre gemacht. – Und doch wird das Verzeihen und Vergeben immer noch missverstanden, seine fundamentale Bedeutung wird nach wie vor nicht erkannt.

Dafür gibt es viele Gründe, ein wesentlicher ist der Einfluss des alttestamentarischen Festhaltens am Prinzip der Rache und der Vergeltung: »Wie du mir, so ich dir«. Doch dies ist Egozentrik in ihrer zerstörerischsten Form sowie die Ursache andauernder persönlicher Konflikte sowie großer Auseinandersetzungen bis hin zu Kriegen zwischen Nationen. Dies hat bislang unglaublich viel Schmerz und Leid verursacht.

Wo kein Verzeihen und Vergeben ist, ob zwischen Partnern, in der Familie oder auch zwischen Völkern, ist Vergangenheit unbewältigt, und diese unbewältigte Vergangenheit konditioniert die Gegenwart, auch dann wenn sie verdrängt wird. Früher oder später kommt das Verdrängte an die Oberfläche des Bewusstseins und will aufgelöst sein, ja muss sogar aufgelöst werden, wenn Frieden und Harmonie in der Gegenwart möglich sein sollen.

Sich und anderen zu verzeihen heißt, sich wieder ganz zu machen und sich in den Fluss der Energien von Harmonie, Frieden und Ausgleich zu stellen. Mit anderen Worten: Das Verzeihen ist ein Prozess der Selbstheilung von Schmerzen und Verletzungen aus der Vergangenheit. Ohne das Lösen und Ausheilen vergangener Wunden ist eine Wiederherstellung, eine Ganzheit auf der persönlichen und auch auf der kollektiven Ebene nicht möglich. Vergebung ist daher aktive Vergangenheitsbewältigung.

Deswegen ist das Verzeihen und Vergeben ein unverzichtbarer Schritt in jedem Heilungsprozess; dies gilt für den Einzelnen ebenso wie für das Kollektiv. Wenn ich mir meine Fehler, mein Versagen und meine Schwächen aus der Vergangenheit nicht verzeihen kann, infiziere ich meine Gegenwart damit. Wer sich selbst nicht verzeihen und vergeben kann, hält negative Gefühle wie Groll und Zorn und damit eigenen Ballast lebendig und macht sich das Leben schwer.

Energien werden für etwas gebunden, was in der Gegenwart keine Bedeutung mehr hat und nur das Jetzt belastet. Es entsteht ein Automatismus unfreiwilliger und unbewusster Selbstkonditionierung. Damit werden sowohl die Gegenwart als auch die Zukunft aus einer unerlösten, unbewältigten Vergangenheit heraus konditioniert.

Niemand kann dies ernsthaft wollen, denn es ist der reine Wahnsinn. Verzeihen und Vergeben ist daher eine Maßnahme, die unserem eigenen Heil dient, unserem eigenen Vorteil und Wohlergehen, um an Leib und Seele zu gesunden.

Wo Vergebung Platz greift, haben Hass, Habgier, Groll, Trauer, Rache und Vergeltung keinen Platz, keine Existenzberechtigung mehr. Die natürliche Folge ist ein befreiender seelischer Reinigungs- und Transformationsprozess, der Raum schafft für Neues. Er beginnt immer bei uns selbst. Doch so viele Menschen verdrängen ihre Verletzungen, Kränkungen, Fehler und ihr Versagen in dem irrigen Glauben, es müsse Gras darüber wachsen … Oder Stolz und Ängste hindern sie daran, Worte des

Bedauerns und des Verzeihens auszusprechen. So mancher trägt noch die Überzeugung mit sich herum, dass eine Entschuldigung, der Ausdruck von aufrichtigem Bedauern oder die Bitte um Verzeihung und Vergebung ein Zeichen von Schwäche sei. Geschwächt wird tatsächlich das persönliche Ego, das in seinen defensiven Strategien über den Verstand alle möglichen Gründe findet, um eine Entschuldigung, ein Verzeihen zu verhindern. Denn dies schadet dem Ego und stellt seine Identität in Frage. Aber es schiebt die Problematik nur auf, die letztlich in neue Schmerzen, in ähnliche Situationen zwischenmenschlicher Reibung oder zu neuen Konflikten führt.

Alles, was in dieser Weise an unverdautem Müll in unbewussten Bereichen angesammelt wird, prägt uns und vergiftet unser ganzes System, bis hin zu körperlichen Beschwerden und Krankheit. Es macht uns empfindlicher gegen neue Übergriffe von außen und damit in vielem verletzlicher. Zudem entwickelt man eine Art dünnhäutiger Empfindsamkeit, die uns mit fortgesetzter Verdrängung immer verletzlicher werden lässt – bis zu dem Punkt, an dem zwischenmenschliche Beziehungen ernsthaft gestört sind.

Gelassenheit, die wie ein Schutzwall wirkt, geht verloren, und wir sind abhängig von neuen, selbst geschaffenen, negativen Reaktionsmechanismen, die sich aus egozentrischen Rationalisierungen und ungelösten Konfliktsituationen aufbauen. Sie liegen wie versteckte Minen im Unbewussten und können jederzeit hochgehen.

So viele Menschen quälen sich in ihrem Groll, in ihrer Trauer und in ihrer Wut, nur weil sie die erlösende Entschuldigung, das Verzeihen und Vergeben nicht gelernt, seine Wirkung nicht erfahren haben; stattdessen identifizieren sie sich mit Gefühlen des Zorns, des Grolls, der Zurückweisung und des Hasses, womit sie sich immer weiter vergiften. Es ist ein Prozess, der letztlich das eigene Herz vollkommen verschließt, einmauert und der zu völliger Selbstisolierung führt.

Niemals wird aus solch negativen Gefühlen jene Harmonie, jener Friede im Herzen entstehen, nach dem wir uns alle so sehr sehnen. Ganz im Gegenteil, es erwächst daraus ein selbstzerstörerischer, krankmachender Prozess des Leidens, der inneren Trauer und immer neuer Schmerzen und Enttäuschungen. Die Nichtakzeptanz vergangenheitsbezogener, traumatischer Erfahrungen bleibt als Altlast in der Seele hängen und wird selbst bei geringen Anlässen immer wieder neu aktiviert und verstärkt. Letztlich entwickelt sich ein Angstsyndrom, das durch aggressive Reaktionsmechanismen zwischen-menschliche Bindungen zerstört. Damit werden selbst lie-bevolle Beziehungen abgewürgt und zerrüttet. Es kommt in einem Konflikt nicht darauf an, »Recht« zu behalten, sondern sich der eigenen Motive und Ursachen bewusst zu werden und so die Motive des Gegenübers verstehen zu lernen. Aus dem besseren Verstehen der konfliktaus-lösenden Situation und dessen, was sie uns ganz persön-lich spiegelt, wird es möglich, wieder in Ruhe und Gelassenheit zu reagieren, das eigene Befinden zu kom-munizieren und damit eine neue harmonische Situation zu schaffen. Dies erleichtert uns die Fehlersuche bei uns selber (und nur dort), und wir können wirklich beginnen, zu verzeihen und zu einem Neuanfang zu kommen.

Es ist wahr, dass manches aus der Sicht der Persön-lichkeit nicht so leicht verziehen und vergeben werden kann. Allein: Es gibt keine andere Möglichkeit, Frieden im Herzen zu finden. Nur wenn uns ein wahres Verzei-hen durchpulst und wir uns und unserem Partner wirk-lich vergeben, können wir alten Ballast lösen und Raum schaffen für einen Neubeginn – dort, wo er möglich ist.

Dies mag auch, wenn eine Situation vollkommen ver-fahren ist und gar nichts mehr geht, den vollkommenen Ausstieg aus einer Lebenssituation miteinschließen. Aber hören wir zuerst auf unser Herz, auf sein Fühlen, auf unsere geistigen Helfer, und versuchen wir, zu einem wirklichkeitsnahen Bild unserer Lebenssituation zu kommen, bevor wir endgültig entscheiden und scheiden.

Vergebung meint, dass wir zunächst uns selbst vergeben, wir müssen unsere eigenen Fehler, Schwächen oder Unzulänglichkeiten erkennen und sie uns verzeihen. Erst aus der Vergebung heraus ist es möglich, sich vollkommen hinzugeben, und, noch einmal, Vergebung bedeutet daher, sich selbst wirklich verzeihen zu können. Was uns aus der Vergangenheit noch belastet und dort geschah, aber nicht mehr zu ändern ist, kann dann auch leichter angenommen werden. Vergebung meint aber vor allem auch das Vergeben und Verzeihen dem Du gegenüber, also unserem Partner und jenen Menschen, die Teil einer konfliktreichen Vergangenheit gewesen sind. Diese Art der Vergebung ist von großer Bedeutung, wenn Konflikte zu schweren Belastungen in einer Beziehung geworden sind. Vergebung und Verzeihen sind hier unumgänglich.

Vergeben und Verzeihen hat auch den natürlichen Effekt des Sich-neu-Ausrichtens auf uns selber, auf das Du, auf jemanden in unserem Umfeld und auch auf das Kollektiv. Es verändert und verbessert den unsichtbaren Energiefluss zwischen den Menschen in einer positiven Weise und schafft neue Kommunikationsebenen. Es entstehen somit die Fundamente für ein besseres Verstehen und eine bessere Wahrnehmung der Wahrhaftigkeit einer Situation. Wir erkennen die Ursachen und Motive bei uns und unserem Gegenüber, und unser Verstehen für seine Art zu sein kann wachsen. Diese Sensibilität für die Eigenart des anderen führt uns zu ganz neuen Erkenntnissen über bestimmte Situationen in der Vergangenheit, die letztlich zum Konflikt und zur Auseinandersetzung geführt hatten.

Wie viele Menschen trennen sich aufgrund belangloser Konflikte oder aufgrund von Ereignissen, die auf der langen Zeitschiene des Lebens kaum von Bedeutung sind und eigentlich sogar vollkommen vergessen werden. Was aber bleibt, sind der Schmerz und die Trauer über einen Verlust, der nicht nötig war und hätte vermieden werden können.

Vergebung fördert auch die Sensibilität gegenüber den Menschen im Allgemeinen – insbesondere dort, wo sie in Not sind. Sie fördert die Bereitschaft, sich für die Not des anderen zu interessieren und helfend eingreifen zu wollen. Und wie schön ist es doch zu erkennen, dass Hilfe – ob materiell oder immateriell – so viel Zufriedenheit, so viel inneren Frieden auch bei uns selbst schafft.

Es entsteht dann auch jenes Gefühl des Gebrauchtwerdens, das uns im liebevollen Miteinander zu dem verhilft, was am Ende eines erfüllten Lebens wirklich zählt: ein gütiges und mitfühlendes Herz, dem die Belange seiner Mitmenschen bewusst geworden sind. Man half, wo es einem möglich war, und so durfte man die Resonanz der Liebeskraft auf ihrer unpersönlichen Ebene erfahren.

Groll, Zorn, Trauer, Neid, Habgier und alles Negative, was daran gebunden ist, können sich nur im Verzeihen, im Annehmen dessen, was ist, auflösen. Im aufrichtigen Vergeben und Verzeihen beginnt Liebe, wieder zu fließen. Und wo Liebe fließt, hat alles Negative ein Ende, denn negative Gefühle können im Liebesfluss nicht überleben. Es ist aus und vorbei mit ihnen.

Lieben heißt, den unpersönlichen Energiefluss aus der *Einen Quelle* aufzunehmen und wieder zu personifizieren. Der Mensch begibt sich in diesen göttlichen Liebesstrom und lässt sich vollkommen durchdringen, und je mehr wir von diesem überpersönlichen Liebesstrom empfangen und weitergeben, je mehr wir zu anderen hinströmen lassen, desto stärker wird er aus der unerschöpflichen Quelle der einen Realität zu uns fließen ...

Affirmation des Vergebens:

»Ich lasse meine Liebe fließen,
auf dass ich Vergebung leben und
meine Seele neu werden kann ...!«

17

[Glaube, Hoffnung und Vertrauen]

Glaube ist das Fundament, auf dem Hoffnung aufbaut, Vertrauen wächst und Wahrheit sich manifestieren darf. Glaube und Vertrauen sind zwei Seiten derselben Medaille, denn Vertrauen wächst auf der Grundlage fester Überzeugungen, eines festen Glaubens.

Der Glaube ist der Ansatz, auf dem Neues, Schöpferisches in die Welt kommt, und in ihm offenbaren sich universale Wahrheiten. Glaube ist aktivierte Geistes- und Seelenkraft, genauso könnte man ihn auch als »Psychoenergie« definieren. Glaube ist daher die direkte Anbindung an das Göttliche, und aus ihm fließt die Kraft des Alleinen, Seine unpersönliche, alles schöpfende, alles durchdringende, ewige Lebens- und Liebeskraft. Der Glaube ist die Kraft der *Einen Quelle*, derer sich der Mensch zur Verwirklichung seiner Ziele bedienen darf.

Glaube ist lebendige Liebeskraft und stärker als alle rationalisierenden Argumente des Verstandes. Er ist absolute Kraft und in der Lage, tatsächlich »Berge zu versetzen«, wie es in einem berühmten Gleichnis heißt. Aus Glauben wird, durch innere Offenbarung, Wissen. Fester, unerschütterlicher Glaube ist eine so mächtige Kraft, dass sie vieles erreichen und Wunder bewirken kann.

Durch den Glauben wurde beispielsweise tausendfach Heilung erreicht. Er macht jede Veränderung möglich und schafft die Grundlage für dauerhaften Erfolg. Der Glaube lässt völlig neue Dinge und Situationen in die Welt treten, er lässt Neues und noch nie Dagewesenes entstehen. Der Glaube ist die machtvollste Motivationsenergie des Menschen, die Unmögliches möglich macht, in Bewegung setzt und alle nur vorstellbaren Ziele verwirklichen kann. Durch den Glauben wurden und werden Höchstleistungen auf allen Gebieten menschlicher Entfaltung und Tätigkeit ermöglicht, und der Glaube an ein Ziel, an etwas, das noch keine materielle Form angenommen hat, ist die Basis schöpferischen, menschlichen Forschergeistes, dem Innovationen, neue Erfindungen und Entwicklungen zu verdanken sind.

Der Glaube ist die emotionale Komponente, auf der göttliche Liebeskraft, konzentriert auf ein Ziel, Anwendung findet und Lösungen ermöglicht. Der Glaube beflügelt menschliche Seelenkräfte und lässt sie zu unermüdlichen, zielgerichteten, erfolgreichen Werkzeugen werden, denn der Glaube konzentriert die Kraft der Seele und bündelt sie zu explosivem Tatendrang. Der Glaube ist daher die tragende, motivierende Kraft hinter allen Gefühlen, Gedanken und Handlungen. Ein unerschütterlicher Glaube an den eigenen Erfolg wird Ergebnisse bringen sowie ein gesundes und ausgeglichenes Leben. Unser Glaube ist unser bestes Werkzeug, um unsere Ziele und Wünsche zu erreichen, allein durch den Glauben wurden Welten geschaffen und wieder zerstört.

Ohne Glauben ist der Mensch jedoch ein Nichts, ein Vakuum in Trägheit. Der Glaube wirkt daher auch im Negativen und kann den Menschen völlig ausbremsen. Wenn der Mensch keinen Glauben an sich, kein Selbstvertrauen hat, dann wird ihm nichts gelingen, und er bleibt ein Versager. Glaube negativ gelebt, zerstört die Freude am Leben und lässt den Menschen in dunkle Strömungen des Pessimismus und der Depression fallen. Falscher oder irriger Glaube wirkt zerstörerisch und endet früher oder später in Schmerzen und Enttäuschungen.

Der Glaube an sich ist das beste aller Werkzeuge, um zu einem erfüllten, harmonischen und fruchtbaren Leben zu gelangen, denn dies ist Sein, ist Verankerung im Urvertrauen. Glaube in dieser Weise ist wahres Vertrauen in das Leben, in das eigene Sein. »Ich glaube und vertraue dem Leben« heißt, sein Schicksal anzunehmen und sich durch Hingabe in die Gnade und Güte Gottes eingebunden zu fühlen.

Der Glaube ist der Königsweg zurück ins Urvertrauen, um mittels unserer Erfahrungen und Talente die eigene Lebensplanung und Zielsetzung zu verwirklichen, die uns karmisch, aus unserem innersten Sein, vorgegeben wurde. »Ich glaube an Gott und eine positive Erfüllung meines Lebensplanes« heißt, sich dem eigenen Sein voll anzuvertrauen, ins Urvertrauen zurückzufinden und sich den gestellten Lebensaufgaben mit unerschütterlicher Zuversicht zu stellen. Auch Rückschläge kann man dann akzeptieren und als Lernaufgaben annehmen.

Für jene, die glauben, ist kein Beweis vonnöten. Wer nicht glaubt, für den gibt es keine Beweise! Wenn aber Glaube zur inneren Offenbarung der Wahrheit wird, dann braucht es keine Beweise mehr, denn Wahrheit hat sich manifestiert.

Eine Affirmation zur Integration
von Glaube und Vertrauen:

»Ich vertraue meiner inneren Führung sowie
meinem Höchsten Selbst, und ich glaube an
ein erfülltes und friedvolles Leben ...!
Ich öffne mich vertrauensvoll der göttlichen
Liebeskraft, aus der alles kommt, und
lasse meine Liebe fließen!«

Spüren Sie bei dieser Affirmation, wie Ihre Seelenkräfte
aktiviert werden und sich neu ausrichten.

▲

18

[Die Macht des Gebetes]

Das Gebet ist das Werkzeug des Glaubens, um die Hoffnung auf Veränderung Wirklichkeit werden zu lassen. Im Gebet werden Gott, das allmächtige Eine oder Seine Helfer angerufen. Die eigene Emotionalität wird aktiviert und konzentriert in diese Anrufung eingebettet – all das geschieht im Glauben, ein Ziel in die Realität zu bringen. Eine Bitte wird zielgerichtet formuliert und abgesandt, und dadurch wird die Bereitschaft zu empfangen signalisiert.

Ein Gebet impliziert immer auch Hingabe an eine Macht sowie deren Akzeptanz, wobei diese Macht außerhalb des Persönlichen liegt und aus höheren Ebenen zu agieren weiß. Es ist eine Kraft, die aus dem Geistigen kommt und von oben in das Unten strömt. Im Gebet verbindet sich der Glaube mit dem Urvertrauen in ein höheres

Wesen und das Prinzip Hoffnung, auf dass eine neue Wirklichkeit ins Dasein kommen kann.

Beten heißt, sich nach innen zu wenden und aus der Tiefe des Herzens einen Wunsch klar auszudrücken. Es kommt dabei darauf an, eine möglichst eindeutige und feste Verbalisierung zu finden, damit im Inneren ein überzeugendes Bild des Wunsches entsteht, insofern ist die mit Emotionen aufgeladene Imagination, das Bild, die Vorstellung des eigenen Wunsches, sehr wichtig. Mit anderen Worten: Man muss sich im Klaren darüber sein, was man will!

Verbinden sich in diesem inneren Wunschbild Glaube, Hoffnung und Vertrauen mit der Kraft des göttlichen, schöpferischen Wirkens, mit der Liebeskraft, dann ist der Wunsch auf einem guten Weg, um in Erfüllung zu gehen. Manchmal mögen Wünsche, die dem Ego der Persönlichkeit entspringen, nicht den eigenen Lebensinteressen entsprechen und auf Irrwege führen. Wo dies der Fall ist, kann das eigene Höchste Selbst intervenieren und die Wunscherfüllung verhindern. Oder es kann eine Wunscherfüllung zulassen, um einen korrektiven Lernprozess einzuleiten.

Ob ein Gebet sich durch die Einbettung in ein religiöses Umfeld verstärkt oder ob es aus der Kraft des Herzens aufsteigt, immer wird eine starke emotionale Ladung nötig sein, um ein Ziel zu erreichen. Die emotionale Ebene bringt jene Energie in die gedankliche Zielformulierung ein, die nötig ist, um einen Wunsch in die richtige Bahn zu lenken.

Im ritualistischen Gebet ist das Opfer von zusätzlicher Bedeutung und Kraft. Dieses Opfer kann in Form von Weihrauch oder Kerzen oder als Sach- oder Geldspende dargebracht werden. Es ist in jedem Fall eine weitere zusätzliche Festigung des Gebetes, also der Bitte an das Überbewusste, an Gott. Beten in dieser Weise wird zu einer machtvollen Kommunikation mit hohen geistigen Ebenen.

Es gibt viele Formen, um die Macht des Gebetes zu spüren und dieses Gefühl in das eigene liebevolle Beten mit einzubringen. Wesentlich ist, sich für den allumfassenden Liebesstrom unseres Schöpfers zu öffnen und diese Kraft in das Gebet hineinzutragen, um zu empfangen. In dieser Weise verbindet sich das Gebet mit Glaube, Hoffnung und Vertrauen. Es öffnen sich somit alle Chancen auf eine Verwirklichung, und die Macht des Gebetes kann sich darin in vielfältiger Weise zeigen.

Affirmation:

*»Ich lasse meine Liebe in mein Gebet
fließen ...! Ich spüre, wie sich mein
Glaube in unbedingtes Vertrauen
wandelt und meiner Hoffnung Gestalt
und Wirklichkeit verleiht.«*

▲

19

[Bewusstseinsweitung]

Viel wurde über das Wachstum und menschliche Reife sowie über die Erlangung derselben gesagt und geschrieben. Vieles hat seine Berechtigung, manches ist weniger begründet. Wenn man als Mensch den Weg gehen möchte, so wie er uns karmisch und aufgrund unseres Lebensplanes vorgezeichnet ist, dann sollten wir dies in Abstimmung mit unserem Innersten, mit unseren Helfern und mit unserem inneren Meister tun. Auf diese Weise werden sich unsere Potenziale entfalten können, unsere Aufgaben lösen lassen und wir können mit Frieden im Herzen unterwegs sein.

Der Weg dorthin ist mit einem Satz umrissen: Kontemplation und Meditation sind die bedeutsamsten Werkzeuge für den Menschen. Beide beeinflussen und formen dabei auch äußere Lebensumstände nachhaltig.

Sie verschaffen uns die Gelassenheit, die in allen Lebenssituationen von Vorteil ist, und sie halten Stress in Grenzen.

Kontemplation ist eine Möglichkeit, wie wir im Hier und Jetzt die Dinge als Beobachter unverfälscht wahrnehmen und erkennen können. In der Kontemplation werden wir ohne Interferenzen unseres Egos und unseres Verstandes sowie seiner Interpretationen sehen und wahrnehmen, was unsere Wirklichkeit ausmacht. Nach außen gerichtete Kontemplation gibt uns ein realistisches Bild dessen, was unser Umfeld ausmacht, während uns eine nach innen gerichtete Kontemplation zeigt, wie wir im Innen beschaffen sind und wo wir mit unserer Arbeit ansetzen können.

In der Meditation öffnen sich die Wege nach innen, in die Stille, in unser innerstes Sein. Wir können auf diesem Wege hohe und höchste geistige Ebenen erreichen, ebenso eröffnen sich uns hohe Ebenen des Seins und der Intuition. Führung aus unserem *Höchsten Selbst* oder von geistigen Helfern wird so möglich.

In der Meditation werden wir im ersten Schritt unser Ego, unsere Persönlichkeit, unsere fünf Sinne hinter uns lassen, um Stille zu erreichen. Dann haben wir die

Möglichkeit, die Schwelle zwischen Wachbewusstsein und unbewussten Bereichen zu überschreiten; wir befinden uns sodann auf der anderen Seite des Bewusstseins, im Unterbewussten oder auch in geistigen Welten. Wenn wir dafür bereit sind, öffnen sich die Wege zu unserem Überbewussten und zum direkten Kontakt mit unserem innersten Sein, mit unserem *Höchsten Selbst*.

Übung zur Kontemplation:
Begeben Sie sich in eine bequeme Sitzhaltung. Entspannen Sie sich. Konzentrieren Sie sich dann auf das Hier und Jetzt. Ego und Verstand werden abgeschaltet – oder zumindest weitgehend »gedimmt«. Vergangenheit und Zukunft sind nicht mehr von Belang. Sie fühlen Ihr Selbst hinter Ihrer Person, Sie berühren Ihr Sein, Ihr Leben, und Sie nehmen wahr, was ist – wertfrei, ohne Etikettierung. Unabhängig davon, was Sie wahrnehmen, befinden Sie sich oberhalb Ihres Verstandes, Sie sind ein Beobachter dessen, was ist. Sie befinden sich außerhalb Ihres Egos, und Sie beobachten und nehmen bewusst wahr, ohne zu denken, zu urteilen oder zu werten. Sie nehmen neutral wahr, ohne denkend und wertend einzugreifen.

Übung zur Meditation:

Das Ziel dieser Meditation ist die Erfahrung der Stille.

Liegend oder sitzend gleiten Sie in die totale Entspannung. Sie werden sich Ihrer Person, Ihres Egos, Ihrer kreisenden Gedanken und Ihrer Gefühle immer weniger bewusst und lassen Ihre innere und äußere Welt hinter sich; Ihre fünf äußeren Sinne sind weitgehend »gedimmt« oder abgeschaltet. Sie nehmen sich nicht mehr als Person wahr. Stille wird. Sie fühlen eine andere Dimension des Seins, und wenn Sie bereit sind, überschreiten Sie die Schwelle in andere Bewusstseinsdimensionen, hin zu geistigen Welten.

Kontemplation und Meditation sind unkompliziert, es ist jedoch förderlich, sie mit Gelassenheit und ohne Erwartungsdruck anzugehen. Unser Inneres möchte den Kontakt und öffnet sich, wenn wir uns in liebevoller Hingabe bereithalten. Es zeigt sich, nach guter Vorbereitung, oft eine deutlich spürbare Kraft, die uns nach oben und innen zieht, ohne dass besondere Anstrengungen notwendig wären.

Die Kontemplation ist eine Übung, die wir oft und überall, auch zum Abschalten bei wenig Zeit, durchführen können. Für eine gelungene Meditation ist es allerdings hilfreich, einen ruhigen Ort und einen stressfreien Zeitpunkt zu wählen.

Eine wirksame Affirmation zur kontemplativen Stille:

»Ich öffne mein Herz, mein innerstes Sein,
und ich spüre die Kraft der Einen Quelle ...!
Ich lasse meine Liebe fließen ... damit sich
mein Leben in der Fülle entfalten kann.«

20

[Das Christusbewusstsein]

Das Christusbewusstsein ist ein Kraftfeld von gewaltiger Dimension und ungeheurem Einfluss auf die Geschicke der Menschheit. Christus wird gleichnishaft als Sohn des Vaters definiert, wobei der Begriff »Vater« als die höchste Macht und Kraft, als Gott, als die *Eine Quelle*, aus der alles hervorgeht, definiert wird. Die *Eine Quelle* wird über Christus, den Sohn, als eine Ebene unterhalb des symbolischen Vaters manifest, um dort den Menschen den Zugang zu erleichtern oder überhaupt erst zu ermöglichen.

Denn der Mensch ist in seiner Unvollkommenheit nicht in der Lage, die hochschwingenden Energiefelder der *Einen Quelle*, Gottes, direkt zu erreichen. Er braucht dazu eine Plattform. Gott hat in Seiner Gnade den Christus bzw. das Christusbewusstsein in die Welt gebracht, um den Menschen Seine Hilfe besser zugänglich zu machen. Das Christusbewusstsein ist ein mächtiges Kraftfeld im göttlichen Weltenbewusstsein, in dem es eine wichtige Rolle als Mittler zwischen den geistigen Welten (des Oben) und der Erde (des Unten) spielt. Christus (als Kraftfeld) ist daher für uns alle, die wir auf dieser Erde leben, ein bedeutender Kontakt, mit dem wir kommunizieren, mit dem wir in Kommunion kommen können.

Christus hat in unserer Zeit keine leibliche Hülle mehr, ist aber als Christusbewusstsein sehr aktiv. Seine außergewöhnliche Kraft und Dimension manifestiert sich in dem stetig fließenden Liebesstrom, seiner göttlichen Liebeskraft. Dies ist eine geistige Kraft, der Heilige Geist, die den Menschen immer und jederzeit erreichen kann, so er dafür bereit ist und sich zu öffnen vermag. Das Christusbewusstsein ist über das innerste Zentrum des Herzens zugänglich. Wer sich darauf konzentriert und sich dafür öffnet, kann die Kraft seiner Gegenwart spüren.

Das Christusbewusstsein strahlt in vollkommener Reinheit, die sich in seiner Liebe für den Menschen zeigt, und dieses Strahlen manifestiert sich in Schönheit. Es steht im Zentrum des nach oben führenden Weges zu Gott. Im Zentrum des kabbalistischen Lebensbaumes des Aufstiegs ist dieser Punkt daher auch mit »strahlende Schönheit« umschrieben.

Hinter dem Schleier der Schönheit verbirgt sich Vollkommenheit. Und wem es gelingt, hinter die Vollkommenheit zu schauen, der erkennt die Wahrheit. Es ist die Wahrheit des Christus, des einen Gottes, aus dem alle Liebe fließt, aus der alle Schöpfung ist.

Im Schatten von Schönheit lebt Hässlichkeit, die Manifestation des unreifen, unvollkommenen Irdischen. Lüfte die Schleier der Hässlichkeit, und du erkennst Verleumdung und Lügen. Wer hinter Verleumdung und Lügen schaut, erkennt Verletzung, Kränkung, Schmerzen und Unvollkommenheit.

Lüfte also die Schleier, und erkenne die Schönheit als Manifestation der wahren Liebe des allmächtigen Einen, dessen Namen niemand kennt. Lüfte die Schleier, und erkenne die Hässlichkeit als Mangel, als Unreife, als Unzulänglichkeit und als Unvollkommenheit.

Unsere Erkenntnisse bringen uns in Kontakt mit unserem ursprünglichen Lebensplan. Wahrheit möchte lebendig sein und manifestiert werden. Folgen wir also den Impulsen unseres Innersten, und nutzen wir das Werkzeug des Christusbewusstseins, um unsere Reife, unsere Vervollkommnung anzustreben.

Durch unsere bedingungslose Hinwendung und Hingabe an Christus steht uns der Weg der Gnade offen.

Christus, der Sohn Gottes, ist die Plattform, ist das allmächtige Heilmittel, mit dem die Perfektion unseres Lebensplanes erreicht werden kann.

Die Botschaft von Jesus, dem Christus, war klar und eindeutig: »Liebe deinen Nächsten wie dich selbst!« Diese Liebe ist die Macht und Kraft des Christusbewusstseins, und sie fließt immer und jederzeit den Menschen zu, die darum bitten.

Es ist eine kraftvolle Energie, die Veränderung und Heilung ermöglicht, die alles transformiert, was im Menschen, was in uns neu werden will. Nutzen wir unsere Zeit, und wenden wir uns nach innen. In der Stille eröffnen sich uns die Wege der Gnade und der Liebe.

Affirmation:

»Ich spüre im Zentrum meines Herzens
die Kraft des machtvollsten Energiefeldes,
das mir zur Verfügung steht:
das Christusbewusstsein, das in seiner Liebe
durch mich fließt. Ich lasse diese Liebe
in Schönheit erstrahlen und fließen ...!«

▲

21

[Karma, Tod und
die Auferstehung im »Ich bin«]

Was immer wir erfahren, was immer uns im Leben begegnet, ist Karma. Karma ist, was wir gut oder schlecht nennen – oder auch all das, für das wir keine Etikettierung oder Wertung haben. Es ist unser vollumfängliches Leben, es ist alles, was ist. Wir leben aufgrund einer Ursache, aufgrund der Ur-Ursache, die unser Sein initiiert hat. Wir nehmen wahr, handeln und erfahren unser Leben wegen einer Abfolge karmischer Ursachen.

Wir werden aufgrund unserer karmischen Vergangenheit in ein bestimmtes Umfeld geboren, wir suchen uns aufgrund von karmischen Ursachen aus, wo und wie wir unsere Erfahrungen machen, ergänzen und leben wollen. Wir werden an einem bestimmten Platz, in einem bestimmten Umfeld geboren und sterben an einem bestimmten Ort – alles wegen unseres Karmas. Alles, was uns zwischen Geburt und Tod begegnet, hat seine Ursache in unserem Karma, das unser Leben im Jetzt formt.

All dies hat zum Ziel, unsere Entfaltung, unser Wachstum zu fördern, uns vorzubereiten auf das Ziel eines langen Reifeprozesses durch die Inkarnationen: die Wiedervereinigung unserer Seele mit dem alleinen Sein, mit dem, was wir »Gott« nennen. Die Wiederanbindung der Seele an das »Ich bin«, an Gott, ist das Ziel der Evolution, die Wachstum, Entwicklung und Reife ist – ihr Ziel ist die vollkommene und makellose Manifestation als Mensch im Sein.

Dieses Ziel ist universal, es ist ein von Gott vorgegebener Endzweck, das Endziel der Schöpfung, und es verwirklicht sich durch permanente Veränderung und Transformation, durch Anpassung an veränderte Umstände, durch Lern- und Erfahrungsprozesse. Solche Prozesse sind untrennbar mit der Auflösung des Alten, mit der Schaffung von Neuem, mit Tod und Auflösung, mit Wiedergeburt verbunden. Daher macht der Satz »Stirb und werde!« Sinn, er gibt dem irdischen Dasein jene Bedeutung, die dessen Endlichkeit transzendiert. Das Endliche wird im Unendlichen aufgelöst und schafft so Platz für ein neues Endliches in einer neuen Inkarnation.

Dieser Prozess vollzieht sich auf der Ebene der Materie aus der Kraft der Liebe in andauernder Beständigkeit. Nichts bleibt, wie es ist; alles ist der Veränderung, der Auflösung, dem Tod anheimgegeben, und immer neue Strukturen entstehen als Ersatz für Verbrauchtes, Überholtes, nicht mehr Regenerierbares. Ohne Unterlass schafft der ewige schöpferische Kreislauf Gottes neue Formen und füllt sie mit Leben. Und wir sind ein Teil davon.

Dieses Auflösen kann schmerzlich sein, muss es aber nicht. Geht es um den Tod, dann kostet er das Leben. Die physische Existenz, die Person, das Ego werden endgültig aufgelöst, und alles Dasein hat für sie ein Ende. Das Leben aber, das dahinterstehende Sein, das diesem Körper Ursprung und Fundament war, besteht weiter, lebt und ist aktiv – und zwar dort, wo die Seele ihre vorübergehende Heimstatt findet, um sich aufzutanken, zu regenerieren und sich auf eine neue Inkarnation vorzubereiten, um in einem neuen Vehikel einem neuen Menschen Leben zu geben und seinen karmischen Zyklus der Entfaltung fortzusetzen.

Die Vorstellung, man hätte nur ein Leben, ist eine selbstbegrenzende Illusion und gründet zum einen auf einem mangelhaften Wissen um die Wahrheit. Zum anderen ist sie eine Rationalisierung des Verstandes als

Werkzeug des Egos, das den Tod als seine endgültige Auflösung erkennt und fürchtet. Um die Identität der Person, des Egos, zu schützen, wurde die irrige These eines Weiterlebens in Fleisch und Blut in die Welt gesetzt. Sie hat in den meisten Religionen, auch in der christlichen Mystik, jedoch keinen Platz, denn es gibt keine überzeugende Begründung für diese Theorie.

Die Angst vor dem Übergang, vor dem Tod und dem Ende des Lebens, hat ihre Ursache in der oft schmerzlichen und vollkommenen Auflösung des physischen Körpers, der Auflösung der Person und ihres Egos sowie von allem, was damit verbunden ist. Das eigentliche Sein aber, die Seelenindividualität hinter der Person, verlässt diese ihre sterbliche Hülle, lebt weiter und ist unsterblich.

Ohne Tod und Wiedergeburt wäre eine fortschreitende Evolution nicht denkbar, überhaupt nicht möglich, denn es bedarf nicht nur einer genetischen Erbfolge, sondern auch einer geistig-seelischen. Was den Tod so beängstigend macht, ist das Ende der Person Mensch, das Ende der Illusion des Egos auf ein Fortbestehen. Aber die Person Mensch muss sterben, muss aufgelöst werden, denn sie hat nicht die Konstitution, nicht die Struktur für eine dauerhafte Existenz.

Alles, was ihre Physis ausmacht, ist von begrenzter Dauer, und wenn das Vehikel »physischer Mensch« verbraucht ist, nicht mehr regeneriert, nicht mehr repariert werden kann, dann wandert das Leben weiter in eine andere Dimension, um sich, wenn die Zeit dafür reif ist, ein neues Vehikel, eine neue Verkörperung, einen neuen Menschen zu suchen.

Diese andere Dimension befindet sich in geistigen Bereichen, also dort, von wo alles Lebendige gesteuert wird. Die Religionen haben unterschiedliche Interpretationen über diese Aufenthaltsorte und deren Bedeutung, wesentlich ist aber, sich gegenwärtig zu halten, dass es Orte des Lichts, der Heilung, der Ganzwerdung und der Vorbereitung auf einen Neuanfang in einem neuen Leben sind.

Der Tod ist eine radikale Veränderung im Leben. Wir müssen Abschied nehmen von einer Daseinsform, mit der wir uns identifiziert hatten und die uns eine illusionäre Ausschließlichkeit des Lebens vermittelt hat, für die es keine Begründung gibt. Der Tod nimmt alles hinweg, was für uns nicht mehr von Bedeutung ist, was nicht mehr wesentlich ist. Was übrig bleibt, ist unser reines Sein, unsere Seelenindividualität. Alles Festhalten an Irdischem wird aufgelöst, und wir werden auf das reduziert, was die Seele in ihrer Einmaligkeit für wichtig und wesentlich erachtet. Trotzdem geht nichts verloren. Denn unser lebendiges Sein wird nicht ausgelöscht, sondern lebt und gedeiht weiter – in einer anderen, in einer geistigen Dimension.

Wahr ist: Die Person Mensch in ihrer Körperlichkeit stirbt. Aber das Wesentliche, was die Lebenserfahrung einer Persönlichkeit ausmacht, nämlich Gedächtnis und Erinnerungsvermögen, bleibt in seiner Quintessenz erhalten und wird im Seelenbewusstsein mit in geistige Bereiche genommen. Es geht also tatsächlich nichts Essenzielles verloren, was der Mensch an wesentlicher, prägender Lebenserfahrung gesammelt hat und was Teil seines Wachstums sowie seines Reifeprozesses gewesen ist.

Die Erfahrung und das Wissen eines Lebens werden in dieser Weise weitertransportiert in eine kommende Inkarnation. Dieses Wissen ist im Gedächtnis der Seele gespeichert und Teil der karmischen Wanderung. So wie die physische Erbmasse bei der genetischen Übertragung von den Eltern zu den Kindern gelangt, so überträgt die Seele ihre lebendige Erfahrung, den Schatz ihrer Wachstums- und Reifeprozesse, durch ihre Reinkarnation in einen neuen Menschen, in ein neues Vehikel namens Mensch und in dessen sich entfaltende Persönlichkeit.

In diesem dualen karmischen Prozess von Tod und Wiedergeburt ist das Weiterleben der Seele in Ewigkeit erkennbar. Die Evolution baut Stein für Stein auf dem auf, was in den Speichern der Erinnerung an vergangener Erfahrung und Reife angesammelt wurde. Dies ist im Physischen in der Genetik und im Geistigen in der Seele manifest.

Das ewige Gedächtnis ist in einer neuen Inkarnation für den neuen Menschen zwar nicht direkt verfügbar, aber es ist Teil einer hinter der neuen reinkarnierten Persönlichkeit stehenden Seelenindividualität, die aus überbewussten Bereichen die neue Person, das neue Ego, steuert und mitformt, auch wenn dies dem Einzelnen sein Leben lang unbewusst bleiben mag. Dieses Gedächtnis ist ein Teil der Seele, und der Zugang zu diesem Gedächtnis bleibt der hinter der Person stehenden, für den Menschen unbewussten Seelenindividualität vorbehalten. Für manchen mag sich dieser Zugang jedoch auch öffnen, so er sich entsprechend vorbereitet hat und diese Öffnung sucht.

Die Evolution geht langsame, beinahe zeitlose Wege im Angesicht universaler Abläufe. Für den Menschen als Individuum sind es trotzdem wesentliche Stufen auf dem Weg zu seiner Vervollkommnung und letztendlichen sowie schicksalhaften Bestimmung. Vor diesem Hintergrund ist erkennbar, dass die Angst vor dem Tod und dem Auslöschen der irdischen Existenz einerseits in der Illusion eines definitiven Ende des Lebens verankert sind, andererseits aber auch mit einem Mangel an Urvertrauen in das eigene Sein, in das Leben an sich zu tun haben.

Der Körper stirbt, aber es stirbt nur die Trägersubstanz »Person«, hinter der das eigentlich Lebendige steht; das Leben selbst bleibt in der Unsterblichkeit der Seele erhalten. Der Tod ist zwar der Endpunkt unseres äußeren, vergänglichen, physischen Lebens, das Ende unserer Person mit ihrem Ego und ihrem Verstand, aber gleichzeitig ist der Tod der Beginn eines neuen Daseins in einer geistigen Dimension.

Der Tod in seiner Auflösung des Körpers und der Person als Identität ist somit nur das Ende für das persönliche Ego. Aus diesem Grund ist Todesangst für das alles beherrschende Ego einer Person eine bedeutende Größe. Es ist die Angst vor der Endgültigkeit des Loslassenmüssens, des Abschieds, des Ausgelöschtwerdens und oft auch vor den Schmerzen des Übergangs. Es ist eine Urangst des Egos, das sich mit der vergänglichen, physischen Präsenz des Menschen identifiziert.

In diesem Zusammenhang wird nachvollziehbar, dass alles Loslassen, alle Abschiede, alle Veränderungen, alle Transformation und vieles, was der Persönlichkeit unbekannt und daher bedrohlich erscheint, Ängste und Sorgen auslöst.

Daraus erklärt sich auch das Festhalten an materiellen Dingen, die Gier nach Gut und Geld, die ja eine scheinbare Sicherheit für den Fortbestand der physischen Existenz bieten. Aber dahinter steht immer jene unbewusste, existenzielle Bedrohung, die sich aus der Unausweichlichkeit des Todes für die Person und ihr Ego ergibt.

Irdischer Besitz und Geld als Mittel zum Zweck sind für die materielle Existenz wichtig und notwendig und sichern einen relativen Komfort im Leben. Das Haben verliert aber seine Bedeutung mit dem Tod; und je mehr jemand hat, desto schwieriger scheint es, dieses dann loszulassen. Doch das Materielle muss losgelassen, muss aufgelöst werden, um dem Sein nach dem Tod eine Chance zu geben.

Wahr ist: Das Haben hat die Frage nach dem Sein nicht erledigt, aber nur im Sein reift der Mensch, erkennt er seine Bestimmung. Insofern sind seelische Güter und Qualitäten, die man sich im Leben erworben und die

sich durch Wachstum zu Reife, Weisheit und Lebenserfahrung gewandelt haben, von bleibendem Wert. Wer
sich im Sein kultiviert und z. B. durch liebevollen Umgang mit sich selbst und seinem Umfeld Herzensgüte erworben hat, der wird diesen Schatz mitnehmen und sich
für ein neues Leben bewahren können – wie auch alles
andere, was an Tugenden in der Seele verankert ist.

Wer sich diese Zusammenhänge bewusst macht, findet den Weg zurück in das eigene Urvertrauen, in die
Existenz des unsterblichen Seins. Im sicheren Glauben
und Wissen an ein Weiterleben nach dem Tod lösen sich
Urängste schließlich auf. Der Tod als Auflösung der physischen Existenz wird dann als das erkannt, was er ist:
einzig und allein ein Übergang in geistige, in kosmische
Bewusstseinsbereiche. Es ist die Heimkehr der Seele zu
ihrer geistigen Existenz. Diese Seelenindividualität hat in
ihrer Unsterblichkeit eine Anbindung an das »Ich bin«,
an Gott, an die EINE QUELLE.

Wenn die Seele ihre Wanderungen durch die Inkarnationen als evolutiven Wachstumsprozess abgeschlossen
und die nötige Reife erworben hat, ist ihre Vervollkommnung erreicht und ihre Auferstehung und Wiederanbindung an das »Ich bin« endgültig. Sie mag dann in
neuen Leben und in anderen Dimensionen neue Aufgaben übernehmen ...

Affirmation zur Überwindung der Illusion des Todes:

*»Aus der Kraft meines Höchsten Selbst
spüre ich die Unsterblichkeit meiner Seele
im Angesicht der Illusion des Todes.
Mit der Kraft der universalen Liebe löse
ich alle Todesängste in mir auf und lasse
meine Liebe fließen ... wissend, dass
mein Sein unsterblich ist!«*

▲

22

[Epilog]

Die universale, mit Bewusstsein ausgestattete und über-persönliche Liebeskraft ist die geistige Urkraft des göttlichen Willens zum Guten. Sie ist die alles bewegende, alles vermögende Kraft und Macht, die zusammenfügt, was zusammengehört – oder auflöst, was keinen Bestand mehr haben kann.

Mit dieser Kraft eine bewusste, kontinuierliche Verbindung aufzubauen, das ist das Ziel des »Weg des Herzens«! Dies kann in hohem Maße zu einer Erfahrung in christlicher Mystik werden. Es geht um die bewusste Anbindung an die hinter der Person stehende Seelenindividualität, die ihrerseits den Gottesfunken in sich trägt. Die daraus fließende Energie universaler Liebeskraft ist die alles bewegende Dynamik, die letztlich auch das Schicksal des einzelnen Menschen determiniert.

Wenn zwei Menschen den Samen für eine liebevolle und harmonische Partnerschaft gesetzt haben, bedarf es der Kraft ihrer beiderseitigen, herzlichen Zuneigung, um daraus einen starken Baum der Zweisamkeit wachsen zu lassen, um die vollkommene Vereinigung beider Partner, auch mit der *Einen Quelle*, zu erreichen. Solch eine liebevolle Partnerschaft gründet auf dem Fundament des gegenseitigen Respekts, der Toleranz und des Vertrauens. Sie fördert und entwickelt ein alles erfüllendes, inniges Miteinander. Ein persönliches Wohl- und Glücksempfinden schafft dann den Raum für eine dauerhafte Beziehung, in der Liebe fließen kann ...

Liebe ist aber eine universale, unpersönliche, allumfassende Schöpferkraft. Sie transzendiert das Persönliche und übersteigt damit bei weitem den Aktionsradius persönlicher Bindungen. Wo Liebe als unpersönliche Kraft zwischen den Menschen fließt, generiert sie Sympathie, so lange Attraktion im Spiel ist. Sie kann aber auch Antipathie kreieren, wenn sich Zurückweisung oder gar Aggression zeigen. Liebe ist daher auch die Kraft der Auflösung und der Trennung, wenn Formen nicht mehr zeitgemäß sind, nicht mehr im Prozess der Transformation und der Anpassung erhalten werden können.

Das Ende menschlichen Daseins ist ein Beispiel für die Kraft der Auflösung. Sie erlöst den Menschen aus einer nicht mehr lebbaren und irreparablen Situation und gibt ihm die Gelegenheit, sich in einer neuen Inkarnation weiter zu entfalten. Wir mögen im Angesicht des Todes dies vielleicht nicht so empfinden, weil wir im Prozess des Loslassens oder eines schmerzlichen Abschiedes sind. Trotzdem ist die göttliche Kraft der Liebe am Werk, wenn eine irdische Existenz beendet wird, um die Basis für ein Weiterleben in einer neuen Inkarnation, in einem neuen Leben zu schaffen. Unsere Seele zieht mit der liebevollen Unterstützung aus der Liebeskraft der *Einen Quelle* weiter in ein neues Leben, in neue Erfahrungs- und Reifeprozesse. Und wieder kann Liebe fließen und die Basis für ein erfülltes Sein schaffen ...

Liebe ist die Kraft der geistigen Welt, die universale Kraft des Göttlichen. Wer sie in seinem Herzen spürt und auf Dauer verankert, erfährt sein irdisches Dasein auf eine neue, friedvolle und beglückende Weise. Von daher ist das Bemühen, die göttliche Liebeskraft über den Weg des Herzens für die eigene Lebensplanung zu aktivieren, der beste Weg zum Erfolg im Innen und Außen.

Wer in der Kraft der Liebe ist, dem steht die Welt in alle Richtungen offen. Er ist im Oben des Geistigen, wie auch im Unten des Irdischen verankert, er ist behütet und beschützt. Tun wir uns also Gutes, und bleiben wir in unserem Herzen verankert.

Affirmation:

»Ich lasse meine Liebe aus der Kraft
des Überbewussten fließen ...!
Ich spüre, wie sie mich auf wunderbare
Weise führt und mein Leben nach dem
göttlichen Plan formt.«

[Anhang]

Magische Übung zu »Aus der Kraft des Universums«

Eine Affirmation, eine Bitte oder ein Wunsch bringen die Kraft der Liebe aus dem Überbewussten, aus der Kraft des Universums, zum Wirken und werden zu einem kraftvollen Mantra. Sie verdanken ihre Wirkungsweise einer universalen Gesetzmäßigkeit: Die Konzentration und Fokussierung feinstofflicher Energien auf ein Ziel ist ein schöpferischer Prozess, der sich auf der materiellen Ebene verdichtet. Er bewegt sich im Prinzip in vier Schritten in die Verwirklichung: **Ziel setzen, bitten, glauben und empfangen.**

- Ziel setzen: Was will ich? Werden Sie sich klar darüber, was Sie wirklich wollen.

Zunächst muss sich ein klares inneres Bild von dem entwickeln, was man will; wenn dies als Wunsch mit allen

Sinnen klar definiert und mit fühlbarem Wollen aufgeladen ist, folgt der nächste Schritt:

- Bitte absenden!

Sie können Ihre Bitte an Gott, das Universum, ein bestimmtes hohes Wesen, einen Engel oder einen Schutzgeist richten; damit ist sie auf dem Weg.

- Der unbedingte Glaube an die Verwirklichung ist der nächste Schritt.

Der Glaube umfasst das Denken, Sprechen und Handeln mit der inneren Gewissheit, dass die Bitte Realität wird. Sie sollten sich so verhalten, als ob die Bitte bereits erfüllt wäre. Das Gefühl, bereits empfangen zu haben, worum man gebeten hat, zieht dann die Umstände, die Menschen und Ereignisse an, damit sich die Bitte auch tatsächlich erfüllen kann, denn die Kraft der Liebe und der Attraktion ist immer und überall wirksam.

- Empfangen wollen. Sie müssen die Bitte als bereits erfüllt sehen.

Hier geht es darum, sich vorzustellen, wie es sich anfühlt, wenn die Bitte Wirklichkeit wäre. Sich bereits so zu fühlen, als hätte sich der Wunsch schon erfüllt, generiert eine energetische Frequenz, die die Kräfte des Überbewussten, des Universums, weiter aktiviert und mobilisiert.

Eine weitere magische Übung

* Halten Sie inne, und verankern Sie sich tief in der Erde, die Sie trägt. Spüren Sie die Kraft, die von unten nach oben in Richtung Ihres Herzens fließt. Konzentrieren Sie sich auf Ihr Herz, und lassen Sie die Kraft des Überbewussten, die Liebeskraft, von oben in Ihr Herz hineinfließen. Leiten Sie sie dann direkt weiter auf Ihr Ziel. Das Ziel kann Ihre gesamte Körperlichkeit oder Teile davon, die der Balance bedürfen, sein. Es kann sich aber auch um eine Person oder eine Situation im Außen handeln. Spüren Sie die Resonanz dort, wohin Sie die Kraft geleitet haben.

* Seien Sie sich sicher, dass die Liebeskraft immer wirkt, denn sie ist Teil der Kraft des Überbewuss-

ten, des Universums, und damit der Kraft Gottes, der durch sie alles in die Schöpfung bringt.

Eine dritte kraftvolle Übung

Sie können die universale Liebe auch zur Lösung von problematischen Situationen verwenden und so ihre wunderbare Wirkung spüren.

- Sie spüren diese Kraft, wenn Sie einen Menschen oder eine Situation so akzeptieren, so wie er oder sie JETZT ist. Sie spüren diese Kraft, wenn Sie sich einer Bestimmung oder einem Weg vollkommen hingeben, damit sich eine Erwartungshaltung neutralisiert und auflöst; es entsteht dadurch Raum für Neues, das ins Leben treten möchte. Indem Sie Ihre Liebe fließen lassen, spüren Sie, wie die überbewusste, universale Kraft der göttlichen Liebe Sie durchpulst und ins Gleichgewicht bringt: Sie werden bewusster und damit offener, toleranter sowie neutraler für die Situation Ihres Gegenübers, und Sie erweitern Ihr Verständnis für seine Lage, seine Motive und seine Bedürfnisse.

- Durch Ihre Abstimmung und Anbindung an die göttliche Kraft der Liebe erfahren Sie die wahre »Freiheit« der Entscheidung. Sie können als Instrument des überbewussten Göttlichen durch die Liebe tätig werden und Wunder erfahren.

- Sie spüren, wie sich Spannungen lösen und Frieden Ihr Herz erfüllt, denn Sie sind mit Ihrem überbewussten *Höchsten Selbst*, mit dem »ICH BIN« vernetzt! Genießen Sie die Fülle, die sich daraus für Sie ergibt, und lassen Sie Ihre Wünsche Wirklichkeit werden!

[Über den Autor]

© Constanze Wild

Dr. Karl F. Neu interessierte sich schon während seiner Managerkarriere für östliche Philosophie und Metaphysik. Er beschäftigte sich intensiv mit dem brasilianischen Schamanismus und praktizierte Christliche Meditation. Er lebt im Schwarzwald und steht für Vorträge und Seminare zur Verfügung.

Weitere Informationen unter: www.karlfneu.de

Weiterführende Informationen zu
Büchern, Autoren und den Aktivitäten
des Silberschnur Verlages erhalten Sie unter:
www.silberschnur.de

Sie können uns alternativ
die beiliegende *Postkarte* zusenden.

Ihr Interesse wird belohnt!

Interessante Diskussionen zu
den Themen des Silberschnur Verlages
finden Sie unter:
www.forum-spiritualitaet.de

*Tauschen Sie sich mit anderen Lesern
aus über Inhalte und Themen,
die Sie wirklich interessieren!*

Hier geht die Silberschnur-Welt weiter!

232 Seiten, broschiert
€ [D] 14,90
ISBN 978-3-89845-154-3

Vadim Zeland
Transsurfing
Realität ist steuerbar

Dieses Buch löste in Russland eine wahre Revolution aus. Die Realität ist steuerbar! Wir alle glauben, wir seien abhängig von den äußeren Umständen – dabei ist es genau umgekehrt! Ihre innere Wirklichkeit kreiert die äußere Realität. So erfüllen sich Wünsche, Träume verwirklichen sich …

Transsurfing ist eine mächtige Technologie zur Realitätssteuerung. Alle, die sich mit Transsurfing beschäftigen, erleben eine Überraschung, die an Begeisterung grenzt. Die Umgebung eines Transsurfers verändert sich beinahe augenblicklich auf eine unbegreifbare Weise.

Das hat nichts mit Mystik zu tun. Das ist real.

188 Seiten, gebunden
€ [D] 17,90
ISBN 978-3-89845-242-7

Brenda Barnaby
Das Geheimnis hinter »The Secret«

Alle Geheimschlüssel der populären Botschaft, die Rhonda Byrne in ihrem Werk "The Secret – Das Geheimnis" verkündet, werden hier enthüllt, um jedem von uns Zugang zu seinem eigenen Weg zu vermitteln. Daneben enthält dieses Werk eine Sammlung von Tipps und Methoden zur Persönlichkeitsentwicklung, die von den bedeutendsten Experten unserer Zeit auf dem Gebiet des Positiven Denkens stammen. Sie halten hiermit zweifelsohne ein Buch von unschätzbarem Wert in Händen, das Ihr Leben verändern kann, wenn Sie bereit sind für ein Leben voller Erfolg, Wohlstand, Gesundheit und Harmonie.

160 Seiten, broschiert
€ [D] 10,90
ISBN 978-3-89845-152-9

Franziska Krattinger

Ein Wort genügt!

... sich einfach umprogrammieren

Schalten Sie einfach um! – Manchmal genügt ein einziges Wort, um verborgene Haltungen ans Licht zu bringen oder Einstellungen zu ändern. Dabei gibt es spezielle Worte, die gleichsam eine magische Wirkung haben, da sie die Schlüssel zu unserem Unterbewusstsein sind: Schaltworte.

»Schalten auch Sie einfach um« – und beobachten Sie die Veränderungen in Ihrem täglichen Leben, ohne dass Sie bewusst daran denken oder eine Vorstellung der Lösung haben müssen. Nutzen Sie die Kraft, eine Situation augenblicklich im besten und idealen Sinn zu verändern

152 Seiten, broschiert
€ [D] 6,95
ISBN 978-3-89845-266-3

Franziska Krattinger

Die 7 universellen Gesetze

Spielregeln für ein Leben in Vielfalt

Das Leben folgt universellen Gesetzen. Wer diese begreift, kann sich alle Lebensformen, Situationen und Realitäten erklären. Diese universellen Gesetze gelten auf allen Ebenen und in allen Bereichen. Niemand kann sich ihnen entziehen.

Dieses Handbuch vermittelt durch praktische Übungen und gelebte Beispiele aus dem Alltag die entscheidenden Spielregeln für ein Leben in Fülle!

Es zeigt, wie man seine Kraft am besten einsetzt, um seine Ziele stets zu erreichen. Die beschriebenen Gesetze gelten für alle – und wer sie beherrscht, ist somit Herr über seine Realität.

152 Seiten, gebunden
€ [D] 14,90
ISBN 978-3-89845-226-7

Kazuo Murakami

Der göttliche Code des Lebens
Ein neues Verständnis der Genetik

Dieses in viele Sprachen übersetzte Buch ist einer der besten Beiträge zur Frage der Interaktion zwischen Genen, Umwelt und Bewusstsein. Der japanische Biowissenschaftler Murakami geht der Frage nach, ob positive Gefühle Gene aktivieren können oder, anders ausgedrückt, ob der Geist etwas mit dem körperlichen Wohlbefinden zu tun hat.
Glück, Freude, Inspiration oder Dankbarkeit können nützliche Gene aktivieren – das ist das Ergebnis der Forschungen dieses Genetikers, der seine Erkenntnisse in diesem Buch in klarer und allgemeinverständlicher Form darlegt – und so endlich der weit verbreiteten These, das Schicksal sei bereits im Genom festgelegt, eine deutliche Absage erteilt.

464 Seiten, gebunden
€ [D] 19,90
ISBN 978-3-89845-112-3

Walter Rotter

Charaktere erkennen
– Menschen verstehen

Eine echte Sensation! Nach über 3 Jahrzehnten intensiver Studien und beratender Tätigkeit ist Walter Rotter – allein auf der Grundlage des Geburtsdatums und der Geburtsstunde – in der Lage, den Charakter jedes Menschen zu erfassen, den Zugang zu diesem zu finden und ihn im Herzen zu berühren.
Mit Hilfe dieses Buches wird nun auch Ihnen der Zugang zu vielen Menschen erleichtert werden. Lassen Sie sich überraschen von der Vielfältigkeit dieser wunderbaren Grundcharaktere, lernen Sie sie zu verstehen und Sie werden ein erstaunliches Feedback erhalten ...